Urs-Beat Fringeli
Die Kunst der heiteren Gelassenheit

W0055056

vianova
Verlag Via Nova

Urs-Beat Fringeli

Die Kunst der *heiteren Gelassenheit*

Verlag Via Nova

1. Auflage 2016

Verlag Via Nova, Alte Landstr. 12, 36100 Petersberg

Telefon: (06 61) 6 29 73

Fax: (06 61) 96 79 560

E-Mail: info@verlag-vianova.de

Internet: www.verlag-vianova.de

Umschlaggestaltung: Guter Punkt, München

Satz: Sebastian Carl, Amerang

Druck und Verarbeitung: C.H. Beck, 86720 Nördlingen

ISBN 978-3-86616-381-2

„Nur aus der Erlösung des Alltags
wächst der All-Tag der Erlösung."[1]
Martin Buber

Inhalt

Wenn du Achtsamkeit, Vertrauen und Liebe einübst,
so wie es in diesem Buch beschrieben wird,
wirst du Freude, Mut und Sinn ernten!
Und diese ermöglichen dir heitere Gelassenheit!
Die vorliegenden Seiten führen dich zu dieser Erfahrung.

Vorwort

Letztlich ist es unsere Entscheidung, ob wir gelassen durchs Leben ziehen oder nicht. Unser Glücksempfinden hängt zu ungefähr 90 Prozent von unserer Wahrnehmung ab, also nicht von den äußeren Faktoren. So erstaunt es nicht, dass viele Menschen mit wenig Wohlstand oft glücklicher sind. Es ist unsere Sicht, es sind unsere Gedanken, die uns den Blick auf das Schöne im Leben versperren, die uns vom Glück abhalten.

Wir sehen die Welt letztlich so, wie wir sie sehen wollen! Wir sind für unsere Gedanken selber verantwortlich. Und sie steuern unser Leben und vor allem unser Wohlbefinden.

In diesem Buch versuche ich aufzuzeigen, wie wir heute mit mehr Gelassenheit und Lebensfreude leben können. Diese lassen sich einüben. Es tut gut, diese Anregungen immer wieder neu ins Bewusstsein zu rufen!

Leben ist Veränderung. Wenn es uns gelingt, ja zum Leben und zu den Veränderungen zu sagen, finden wir Glück, üben wir heitere Gelassenheit ein.

Du brauchst vor allem Aufmerksamkeit oder Achtsamkeit, gepaart mit Vertrauen und Liebe. In diesem Buch rufe ich die Weisheiten in Erinnerung, die Menschen auch und gerade in unserer Zeit heitere Gelassenheit schenken.

Halte ein paar Einsichten fest, indem du sie aufschreibst oder anstreichst. Vielleicht willst du ein paar Sätze festhalten. Oder sie regen dich zu eigenen Gedanken an. So wirst du leicht die Sätze wiederfinden, welche dir zu einem Leben mit mehr Gelassenheit führen. Viel Gewinn bei der Lektüre!

Urs-Beat Fringeli

1.
Gelassenheit:
Jetzt oder nie!

„Ein erleuchteter Mensch
setzt sich mit dem auseinander,
was hier und jetzt geschieht"[2]

Wer von uns möchte nicht mit heiterer Gelassenheit leben? Aus dem „Hamsterrad" ausbrechen? Manchmal erinnern wir uns an die unbeschwerten Tage unserer Kindheit, in denen viele von uns Geborgenheit und elterliche Zuwendung erfahren haben. Auch wenn es damals schon Kindersorgen gab, der Vater, die Mutter „würde es schon richten". Gleichzeitig wissen wir, dass diese Zeit endgültig vorbei ist. Doch der Wunsch in unserer Seele bleibt: Wo finde ich das Urvertrauen wieder, das ich einst besaß? Gibt es den anfangs erwähnten „All-Tag der Erlösung"? Wir üben ihn ein, wenn wir uns immer wieder auf das besinnen, was unser Menschsein ausmacht. Es hängt mit dem zusammen, was wir uns im tiefsten Wesen wünschen. Ich meine damit das, was alle glücklichen Menschen betonen. Du findest es auf den folgenden Seiten. Sie sind gleichsam eine Zusammenfassung der besten Gedanken über Glück und Gelassenheit.

Wie kommt es, dass viele Menschen in Europa immer noch unzufrieden sind, obschon sie gesund sind und fast alles besitzen, was man sich vorstellen kann? Wohl deswegen, weil diese Befindlichkeit vor allem damit zusammenhängt, dass sie ihre Bedürfnisse der Seele und des Geistes nicht kennen und nicht befriedigen. Und weil in vielen Fällen hinter den Wünschen verborgene Sehnsüchte stehen. Darum geht es in den neun Kapiteln. Apropos Wünsche und Sehnsüchte: Vielleicht sind viele Menschen in den wohlhabenden Industrienationen nicht ganz glücklich, weil sie zu viel haben. Das klingt paradox, entspricht aber einer simplen Wahrheit: Wer keine Wünsche und Sehnsüchte mehr hat, trocknet innerlich aus, stirbt ab.

Ebenso wahr ist: Wer wenig arbeitet, der empfindet bald jede kleine Arbeit als Last… Er lässt sein Potenzial verkümmern. Der gesunde Mensch will herausgefordert werden.

Ich glaube, der westliche Weg führt nicht zur Befreiung vom irdischen Dasein. Er betont die diesseitige Welt. Wahre Freiheit erfährt der Mensch, wenn es seinen Mitmenschen gutgeht. Die Seele des Menschen sehnt sich nach neuen Erfahrungen, nach tragfähigen Beziehungen und vor allem nach Liebe. Wenn ich den geliebten Menschen nicht mehr suche, dann habe ich ihn bereits verloren. Wer unter Freiheit „Unverbindlichkeit" versteht, der verliert seine Wurzeln. Ohne Wurzeln lässt sich nicht gut leben.

Meine Seele ist die Verbindung zur Welt. Sie stellt (oft unbewusst) die Fragen: Wer bin ich? Was will ich? Sie sucht ihre Stellung in der Welt. Man könnte auch sagen: Wir alle suchen das gute Leben, suchen Sinn und Glück. Diese sind eine Sehnsucht, die man in der Spiritualität „Erleuchtung" nennt. Oft weiß meine Seele nicht, wie sie fragen soll, um die richtige Antwort auf das zu erhalten, was sie sich im tiefsten Wesen wünscht. Sie ist deswegen vom Verlangen erfüllt, die richtige Frage zu stellen, um die richtige Antwort zu erhalten. Wir suchen nach Weisheiten und nach Menschen, die uns Glück und Gelassenheit vermitteln können. Dabei orientieren wir uns an Persönlichkeiten, von denen wir glauben, dass sie uns Lebenshilfe schenken können. Das gab und gibt es zu allen Zeiten: Vor langer Zeit hat einmal ein Schüler Buddha aufgesucht und ihm die Frage gestellt: „Was ist die wichtigste Frage und welche ist die beste Antwort darauf?" Buddha soll ihm darauf geantwortet haben:

„Die wichtigste Frage ist die, die du mir jetzt stellst, und die beste Antwort ist die, die ich dir gerade gebe."

Auf den ersten Blick ist Buddha der Frage ausgewichen. Und doch hat er eine tiefe Weisheit ausgesprochen. Es ist auch nicht entscheidend, ob dieser Dialog wirklich so stattgefunden hat. Er will Buddhas Botschaft unterstreichen, die lautet:

„Sei ganz bei dir, im Jetzt und im Hier! Vertraue der Gegenwart!"
Und auch: „Sei offen für die Antwort, die dir das Leben schenkt!"

Es gibt sie nicht, die beste Frage. Und es gibt auch nicht die beste Antwort. Wer in der Wüste ohne Wasser unterwegs ist, stellt sich die Frage: „Wo finde ich Wasser?" Wer auf dem Sterbebett liegt, fragt sich: „Habe ich mein Leben gelebt?" Oder: „Was passiert in den nächsten Minuten?"

Vielleicht wollte Buddha mit seiner Antwort gerade dies sagen: „Die Frage, die du *jetzt* stellst, ist für dich die wichtigste Frage. Die Antwort, die du *jetzt* erhältst, ist für dich die richtige Antwort." Und: „Vertraue, dass du im richtigen Zeitpunkt die richtige Frage stellst und darauf die richtige Antwort erhältst. *Vertraue dir selbst!*"

Buddha hat den Schüler weder abgewiesen noch ihm keine Antwort gegeben. Er hat auch nicht gesagt, es sei eine dumme Frage. Denn wer keine Fragen mehr stellt, der verliert den Anschluss an das wirkliche Leben. Das bedeutet: Wir dürfen und sollen Fragen stellen, auch wenn die Antworten anders ausfallen, als wir es uns vorstellen. Denn würden die Antworten so sein, dass wir nur hören, was wir hören wollen, warum fragen wir dann? Vielleicht wollte der Schreiber der Antwort des Buddha auch sagen: Bleib mit dem Meister in Kontakt. Bleib ein Fragender!

Fragen bedeutet Leben. Wer sein Leben und seinen Weg immer wieder hinterfragt, der bleibt innerlich lebendig. Denn Leben bedeutet Veränderung. Er wird auch die schwierigen Situationen im Leben meistern, denn er hat Lösungen für sie gesammelt. Deshalb wird ein Mensch nur Glück und damit Gelassenheit erfahren, wenn er sich immer wieder zurückzieht und sein Leben überdenkt. Ein anderer großer spiritueller Lehrer, der Heilige Bernhard von Clairvaux, hat einmal in einem Brief geschrieben:

„Es ist viel klüger, du entziehst dich von Zeit zu Zeit deinen Beschäftigungen, als dass sie dich ziehen und dich nach und nach an einen Punkt führen, an dem du nicht landen willst. Du fragst, an welchen Punkt. An den Punkt, wo das Herz hart wird."

Wer das liest, glaubt vielleicht, es stamme aus einem Lebenshilfebuch unserer Zeit. Aber diese Sätze sind fast tausend Jahre alt! Sie sind ein weiteres Beispiel dafür, dass es zeitlose Wahrheiten gibt, die Menschen Halt und Orientierung schenken.

Mit seinen Zeilen hat Bernhard einem vielbeschäftigten Papst geraten, auf sich selbst zu achten. Denn wer mit sich selbst schlecht umgeht, kann nicht mit anderen Menschen gut umgehen. Deshalb braucht der Mensch „Auszeiten", Zeiten des Rückzugs, der Besinnung, in denen er bestenfalls sich mit etwas ganz anderem beschäftigt, in denen er sich Zeit für Stille und Spiritualität nimmt.

Bernhard und Buddha zeigen: Wir üben gerade Vertrauen ein, wenn wir lernen, im Hier und Jetzt zu leben. Das fängt schon beim Aufstehen an.

„Die großen Lehrer der Meditation und
des geistlichen Lebens weisen uns immer wieder
auf die ersten Morgenstunden hin und sagen:
Nimm den Anfang des Tages wahr,
er ist die Stelle, an der du die Ewigkeit berührst.
In der Tat wäre uns in vielen Nöten
und Krankheiten des Leibes und der Seele geholfen,
wenn es uns gelänge, die erste Morgenröte
von Eile, Lärm und Ärger freizuhalten.
Der Lauf des Tages hängt im allgemeinen
nicht von unseren persönlichen Vorstellungen ab.
Er wird uns aufgezwungen.
Aber der Anfang sollte uns gehören."
JÖRG ZINK[3]

Nach dem Aufwachen sollten wir deshalb unbedingt darauf achten, dass wir eine halbe Stunde weder gestört noch von Alltagsgedanken beherrscht werden. In dieser Zeit geht es darum, auf das zu hören, was uns wirklich wichtig ist. Es geht um unser „Lebensthema": Woraus schöpfe ich Kraft? Wem vertraue ich? Was tut mit gut? In der Stille bewegen wir diese Fragen im Herzen.

Wir sollten unbedingt vermeiden, uns in dieser Zeit mit schlechten Nachrichten oder Alltagssorgen zu belasten. Vielmehr sollten spirituelle Gedanken uns erfüllen, solche, welche zum Inhalt haben, was das irdische Dasein übersteigt: Gebete, Meditationen, spirituelle Texte. Das letzte Drittel des Johannesevangeliums ist eine solche spirituelle Kraftquelle.

In einer meiner Lieblingsgeschichten wird ein Mann in der Wüste von einem wilden Tiger angegriffen. Er rennt um sein Leben und kommt schließlich an einen Abgrund. Dort hält er sich an einer Wurzel fest. Über ihm der Tiger, der ihn fressen will, unter ihm die gähnende Schlucht, die den sicheren Tod bedeutet. Da entdeckt der Mann eine wilde Beere. Er pflückt sie und lässt sie langsam im Mund zergehen. Dabei sagt er: „Wunderbar, einfach wunderbar!"

Ich stelle mir vor, dass das Verhalten des Mannes eine Frucht seiner konsequenten Meditation ist. Weil er mit dem in Berührung gekommen ist, was das vergängliche Dasein übersteigt, konnte er gelassen bleiben. Das Leben ist zu kurz, um nicht im gegenwärtigen Augenblick zu leben.

Doch viele von uns sorgen sich um die Zukunft oder verklären die Vergangenheit. Mit ihren Sorgen werden sie weder die vergangene Zeit noch die zukünftige Zeit verändern. Es ist die einzige wahre Pflicht, dass wir – ganz wach und offen – im gegenwärtigen Augenblick leben, dann erkennen wir erst den richtigen Zeitpunkt für eine Veränderung. Wir müssen diese nicht erzwingen, sie lässt sich nicht erzwingen. Vertrauen wir dem Leben! Es gibt uns zum richtigen Zeitpunkt das, was wir brauchen. Jeder Wunsch hat etwas mit unserem Wesen zu tun. Doch muss es nicht unbedingt gut sein, wenn jeder Wunsch in Erfüllung geht.

Halt! Ich kann mir deinen Zweifel vorstellen. Du denkst vielleicht: „Ach, das hatten wir doch schon… Wieder einer, der mir meine Freuden verderben will. Ich habe doch Freude an meinem schnellen Auto, an meinem schönen Haus, an meiner wertvollen Uhr." Die Freude darfst du haben. Ja, wirklich. Vermutlich hast du dir diese Dinge verdient. Doch ich bin sicher, dass du in der Tiefe deiner Seele mehr ersehnst, als dir vergängliche Dinge geben können. Ich möchte dich hier also auf eine noch größere Freude aufmerksam machen:

Wenn wir den Mut aufbringen, unsere Angst, unsere Zweifel, unser Sicherheitsdenken loszulassen, spüren wir, dass wir vom Leben getragen werden. Wie immer man diesen „Träger" nennt: „Geistige Führung", „Gott", „Engel", darauf kommt es nur bedingt an. Wichtig allein ist das Vertrauen ins Leben. Das Leben will und kann uns immer mehr geben, als wir uns erhoffen oder erträumen. Durch Offenheit und Loslassen kommen wir der wunderbaren Vielfalt und Einfachheit des Lebens näher. Wir leben dann mit allen Sinnen, wir sind weder belastet noch eingeschränkt von Dingen.

Eigentlich wissen wir das. Aber trotzdem machen wir uns Sorgen um die Zukunft. Wir grübeln nach, vergessen dabei, im gegenwärtigen Augenblick das Leben zu genießen.

Deshalb klingt es paradox, doch es ist wahr:

 *Wer alles hat, hat zwar genug, sogar mehr als genug, vielleicht zu viel, wer weniger hat, hat „noch mehr", weil er es oft mehr schätzt!*

Denn wer zu viel hat, der kann sich am Wert der einzelnen Gaben gar nicht mehr richtig erfreuen. Das vorliegende Buch wird zeigen, dass diese Aussage in den meisten Fällen wahr ist.

Im Buch der Sprichwörter, in der Bibel, lesen wir eine fast dreitausend Jahre alte Weisheit. Dort bittet ein Mann namens Agur, Gott möge ihm nicht zu viel und nicht zu wenig geben. (Spr. 30,8f) Er sieht die Gefahren der Armut und des Reichtums. Der moderne Mensch vermag diese Weisheit zu erkennen, auch wenn er nicht mehr an Gott glaubt:

Wer nicht hat, was er zum Leben braucht, der ist unzufrieden und wird unter Umständen krank. Doch wer zu viel hat, muss um seinen Besitz bangen. Er belastet ihn. Er hat Angst, dass er ihn verliert. So lebt der Arme mit Nöten, der Reiche mit Sorgen.

In allen Religionen wird die innere „Armut" hochgehalten, wenn es darum geht, einen spirituellen Weg zu gehen. Die Leere ist Voraussetzung, die Fülle der geistigen Wirklichkeit zu erkennen und zu erfahren. Große Philosophen und Psychologen bestätigen dies.

Warum aber sollen wir überhaupt einen spirituellen Weg gehen? Um glücklich zu werden! Was streben wir denn an, wenn wir glücklich werden wollen, wenn wahres Glück nicht im Luxus oder im Reichtum besteht?

Wir streben eine innere Ruhe an, eine Gelassenheit, die aus unserem tiefsten Wesen kommt. Wir finden eine Quelle in uns, die beständig sprudelt, die es uns ermöglicht, das Wahre, Gute und Schöne in der Welt, in der nahen Umgebung zu sehen und zu genießen.

Zu jeder Zeit und in jeder Phase unseres Daseins achten wir die Geschenke, die wir vom Leben erhalten: In der Jugend die Begeisterung, im Alter die Weisheit, im Nichtstun die Entspannung, in der Aktivität unsere Kreativität! Wir freuen uns über die verschiedenen Jahreszeiten, über Begegnungen mit Menschen, über ein gutes Essen. Alles, was wir tun, tun wir mit Liebe und Aufmerksamkeit. So leben wir glücklich. Und je glücklicher wir leben, desto mehr glückliche Menschen ziehen wir an.

Der Weg zu mehr Glück und Gelassenheit fängt im Alltag an: Wenn wir aufmerksam leben, können wir uns selber motivieren, die Freude am Dasein einzuüben. Dies gelingt, indem wir uns immer wieder Zeit nehmen, mit allen Sinnen die Mitwelt zu erfahren. Es müssen nicht immer faszinierende Naturschauspiele wie die Nordlichter oder die goldene Sonnenkugel am Abend über dem See sein, es kann auch der Regen sein, der auf das Dach fällt. Hören wir einfach den Tropfen zu und nehmen wir sie als Geschenk, welches der Erde Fruchtbarkeit bringt. Ein solches Hinlenken unserer Aufmerksamkeit ist besonders wichtig, wenn wir merken, dass wir wieder ins Grübeln kommen und über ein Problem nachdenken.

Die meisten Glücksforscher stimmen mit den spirituellen Meistern von Ost und West überein, wenn sie zum Schluss kommen: Der Weg zum erfüllten Leben und damit zu einem glücklichen Leben fängt im Denken und Danken der Menschen an. Negative Gedanken machen krank. Danken macht glücklich, weil wir dann im Einklang mit uns und der Welt sind. Wir erkennen und anerkennen das Geschenk des Daseins. Wir denken positiv.

 Gib jedem Augenblick die Chance, der schönste deines Lebens zu werden!

Der Satz klingt für viele abgedroschen. Sie denken: Wie soll das im Alltag möglich sein? Doch es bleibt wahr: Je mehr wir an einem Tag danken, weil wir bewusst leben, uns so freuen, desto mehr erhöht sich die Chance, dass es der schönste Tag unseres Lebens wird!

Wir können die wesentlichen Dinge im Leben niemals besitzen: Du und ich können das Meer, den Sonnenuntergang, die Liebe, die Freundschaft, das Lächeln nicht kaufen… Aber du kannst es dankbar genießen. Und wenn du liebst, ein Lächeln verschenkst, etwas Gutes tust, wirst du immer etwas zurückbekommen. Wenn du den gegenwärtigen Augenblick nicht bejahst, nimmst du dein Schicksal nicht an. Wenn du dein Schicksal nicht annimmst, findest du keine Lebensfreude. Du bist im inneren Kampf mit der Mitwelt und mit dir.

Ralph Waldo Emerson hat bereits im 19. Jahrhundert die Stellung des Menschen in der Welt beschrieben:

„Nur der Mensch muss immer aufschieben und
erinnern. Er allein lebt nicht in der Gegenwart,
sondern klagt über die Vergangenheit...,
oder er stellt sich, der ihn umgebenden Schätze
nicht achtend, auf die Zehenspitze,
um die Zukunft zu erspähen.
Er kann nicht eher glücklich und stark sein,
als bis auch er mit der Natur in der Gegenwart lebt,
jenseits der Zeit."[4]

Es ist unsere Angst, die verhindert, dass wir neue Wege gehen, etwas wagen, loslassen! Sehr viele von uns sind auf der
Suche nach dem ultimativen „Kick", sie sind begierig, die
höchste Form der Lust zu erleben. Viele haben Angst, etwas
zu verpassen. Dabei können sie nicht mehr auskosten, was sie
haben. Deshalb sind die Worte von Eva Zeller sehr treffend:

„Lass dir etwas entgehen."[5]

Lass dir immer wieder etwas entgehen, nutze diese Zeit,
um dich zu verstehen und zu erkennen, was du geworden
bist und noch werden willst. Hast du das geklärt, dann erst
kannst du gelassen in der Gegenwart leben.

Vor allem ist es wichtig, dass wir uns nicht auf unsere
Vergangenheit festnageln. Befreien wir uns aus der Opfer-
rolle. Machen wir uns bewusst, dass Hindernisse uns Reife
und Kraft ermöglicht haben.

Reife heißt, die Angriffe, Hemmnisse und Widerstände
des Lebens richtig einordnen und deuten zu können: Was
wollen sie mir sagen? Wie dienen sie letztlich meiner Entwicklung?

Denken wir an die Wahrheit, die alle spirituellen Meister gelehrt haben. Der Psychoanalytiker Erich Fromm hat sie in eine zeitgemäße Sprache gekleidet:

„Ohne Anstrengung und ohne Bereitschaft,
Schmerz und Angst zu durchleben,
kann niemand wachsen."[6]

Unsere westlichen Wohlstandsgesellschaften mit den Sozialwerken (nichts gegen sie!) haben den Nachteil, dass einige (träge) Menschen keine Ausdauer mehr aufbringen müssen. Andere werden durch Ängste blockiert. Sie können ihren Kräften nicht oder nicht mehr vertrauen. Wenn der westliche Mensch Gott bittet, er möge ihm die Kraft geben, die er braucht, dann besinnt er sich damit schon auf eben diese Kraft. Der östliche Mensch würde es so formulieren: „Was vor uns liegt und was hinter uns liegt, ist unbedeutend, verglichen mit dem, was *in uns* steckt."

Es ist ein Irrtum, wenn wir meinen, wir könnten es im Leben dahin bringen, nur noch Glück zu erfahren. Erst schwierige Phasen bilden den Boden, auf dem das Glück gedeihen kann. Wer im Leben kämpfen musste, kann erst die schönen Stunden wahrnehmen und auskosten. Mühsame Situationen und anstrengende Aufgaben sind Herausforderungen, die sehr oft Bedingungen sind, um die Freude des Daseins zu erfahren. Sie machen uns zu dem, was wir sind. Wem alles in den Schoß gelegt wurde, der kann nicht mehr schätzen, was er hat. Dies habe ich in vielen konkreten Fällen erfahren: Menschen, die nie um ihre Position kämpfen mussten, haben ihren guten Job hingeschmissen.

- *Vertrau dem Leben und deiner geistigen Führung!*
- *Mache dir keine Sorgen auf Vorrat!*
- *Lass negative Gedanken sofort los!*
- *Denke positiv!*
- *Denk an etwas, das dich freut!*
- *Gönn dir etwas!*

Manchmal sind die Tage randvoll gefüllt mit Ansprüchen, die unser Herz nur wenig berühren. Wie sollen wir dann einen solchen Tag zum schönsten Tag unseres Lebens machen? Wir würden uns wohl selbst belügen. Aber eines können wir tun:

 Pflücke an jedem Tag so viele schönen Momente, wie du kannst!

Dies gelingt wohl nur, wenn du genügend Pausen einlegst. Auch wenn wir nicht viel Zeit haben, die kleinen Zeitfenster sollten wir optimal nutzen. Hier sind ein paar einfache Empfehlungen, die uns sogar im beruflichen Alltag guttun. Sie seien als Einstieg gedacht, denn das vorliegende Buch will dir dauerhaftes Glück und längerfristige Freude vermitteln. Ich halte hier im ersten Teil keine sensationelle Neuigkeit fest, rufe dir aber in Erinnerung, was dir guttut, was du in diesem und in jedem anderen Augenblick tun kannst:

Möglichkeiten:

- *einem lieben Menschen eine SMS schreiben*
- *nach draußen gehen*
- *sich ein paar Bilder auf dem digitalen Fotorahmen ansehen, Fotos vom vergangenen Urlaub*
- *die Augen schließen und auf eine Gedankenreise zu einem Ort gehen, bei dem du glücklich warst oder bist*
- *in einer Zeitschrift blättern*
- *ein paar Seiten aus diesem Buch lesen*
- *mit jemandem ein gutes Essen vereinbaren*
- *über Google einen Song hören, der dir gefällt*
- *etwas in den Warenkorb legen*
- *ein paar Entspannungsübungen durchführen*
- *sich an ein schönes Ereignis erinnern*
- *singen und/oder tanzen*
- *ein Gedicht lesen oder selber eines schreiben*
- *sich eine Rose schenken oder eine verschenken*
- *ein Glas Sekt trinken*
- *tief einatmen, das Wort „Ruhe" meditieren*
- *Gedanken loslassen und sich im Licht und in der Wärme Gottes spüren*

Das sind nur einige Möglichkeiten, die du vielleicht schon kennst, die uns immer zu mehr Freude verhelfen. Das vorliegende Buch zeigt aber noch viel mehr Möglichkeiten auf. Es will dich in eine tiefere Dimension führen, die auf den ersten Blick verborgen ist. Dabei geht es vom alltäglichen Leben aus. So bitte ich dich bei der Lektüre um ein wenig Geduld. Vieles

Die Kunst der heiteren Gelassenheit

erscheint vielleicht auf den ersten Blick selbstverständlich zu sein. Doch gerade diese scheinbare „Selbstverständlichkeit" hindert uns daran, im einfachen Leben das gute Leben zu entdecken. Wir suchen oft zu weit. Wir erkennen die Kostbarkeiten nicht, weil wir sie uns zu flüchtig ansehen. Vor allem betone ich die Wichtigkeit unserer Gedanken. Sind wir uns wirklich immer bewusst, dass wir Herr über sie sein könnten? Glauben wir nicht oft (unbewusst), dass wir ihnen ausgeliefert sind? Eine gute Hilfe bieten uns Post-it-Zettel, auf denen wir schreiben, was uns glücklich macht, die uns immer wieder mit Freude anstecken. Ähnlich verhält es sich mit unserem Körper. Deshalb noch ein Wort zur angeführten Liste: Schon viele Menschen sind zu mir gekommen, weil es ihnen nicht gutging. Im Gespräch fiel mir auf, dass eines der Grundprobleme einiger dieser Menschen ist, dass sie ihr Bedürfnis nach Bewegung offenbar nicht (mehr) spüren. Man kann immer wieder gut den Zusammenhang zwischen äußeren und inneren Bewegungen beim Menschen erkennen. Wer spirituell lebt und sich immer wieder für die neuen Situationen im Leben öffnet, bewegt sich in der Regel auch mehr. Beobachte ich Kinder, stelle ich fest, wie sie lachen, hüpfen, springen, tanzen. Sie sind in ihrem Wesen noch offen. Haben sie ein gesundes Umfeld, sind sie begierig, das Leben zu erfahren und zu lernen. Wenn sie gesunde Eltern haben, gehen sie zu Fuß oder mit dem Fahrrad zur Schule. Unsere technische Welt bietet uns eine Überfülle an Bequemlichkeiten an. Diese tun uns nicht immer gut. Grundlage für ein glückliches Leben ist und bleibt der tägliche Aufenthalt im Freien. Zwei Stunden Tageslicht verbunden mit Bewegung bringen den Menschen immer wieder ins innere Gleichgewicht. Es fällt mir immer wieder auf, wie Menschen dieses natürliche Bedürfnis ignorieren oder verdrängen. Sie schaden sich damit. Die Seele spürt sich durch den Körper. Werden die körperlichen Bedürfnisse unterdrückt, kann die Seele nicht zufrieden sein.

> *Zähle stündlich sieben Faktoren auf, die dich glücklich machen, die dir Freude bereiten!*

„Leben ist das, was passiert, während du mit anderem beschäftigt bist."

Diese Worte werden dem berühmten Musiker John Lennon zugeschrieben. Es schwingt mit, dass wir Menschen nicht richtig leben, weil wir nicht wach in der Gegenwart sind. Man könnte diese Aussage als Frage mit sich herumtragen:

 Mit was bin ich zu oft beschäftigt?
Tut es mir gut?

Tun mir meine Gedanken gut? Bin ich bei dem, was ich tue? Wenn nein, warum nicht?

Wir planen und planen. Im Sommer planen wir den Urlaub des kommenden Winters, am Morgen stellen wir uns vor, was wir am Feierabend tun, beim Mittagessen fragen wir uns, was wir am Abend essen… Wir suchen die lauten und schillernden Situationen, die uns einen Hochgenuss bieten sollen. Doch die wahren Momente, die uns im tiefsten Wesen berühren, liegen in der Stille, nicht im Lärm oder in der Bedrängnis derjenigen, die uns glaubhaft machen wollen, dass im Leben nur Geld und Macht zählen. Ihr Geld und ihre Macht vergehen, schneller als sie denken… Freude, Sinn und Gelassenheit finden wir vielmehr dort, wo wir das Leben mit neuen Augen sehen lernen, wo wir uns bewusst sind, was im Leben wirklich zählt: ein Leben im Hier und Jetzt, die Schönheit bewusst wahrnehmen, den geschenkten Augenblick auskosten.

Vor einiger Zeit war ich an einem milden Mai-Morgen unterwegs. Langsam wurde die Landschaft vom Licht der aufgehenden Sonne erhellt. Ein wunderbares Wolkenspiel zeigte sich, verschiedenen Farbtöne tauchten auf und unzählige Vogelstimmen konnte man hören. Das Leben begann sich in den verschiedensten Wesen zu regen. Es war eine einzigartige Stimmung. Da kamen mir die Worte von John Lennon in den Sinn und ich sagte mir:

 „Leben ist auch das, was du in der wunderbaren Schöpfung erfahren könntest, aber du bist mit anderem beschäftigt."

Die Natur heilt. Sie schenkt uns Heilung, wenn wir es zulassen, indem wir hören und spüren, was hinter den sinnlichen Erscheinungen webt und wirkt. Wie unendlich vielfältig ist doch die Natur, – schon in unserer nächsten Umgebung! Es lohnt sich, mit offenen Augen durch die Natur zu gehen! Zudem bringt sie uns in ein inneres Gleichgewicht. Ein Tag ohne Aufenthalt in der Natur ist ein verlorener Tag.

Wer eine Stunde durch den Wald geht und versucht, schwere Gedanken loszulassen, der kehrt erfrischt und ausgeglichen nach Hause zurück. Es ist wahr, dass „hinter" den Naturerscheinungen Kräfte wirken, die unsere Seele massieren und erneuern.

Du wirst sehen, dass das gar nicht so einfach ist. Immer wieder kommen die schweren Gedanken. Aber mit Geduld und Fleiß wird es dir gelingen, sie liebevoll an dir vorbeiziehen zu lassen. So wird ein solches spirituelles Gehen zu einer vortrefflichen Ergänzung einer Meditation, die ich weiter unten näher beschreiben werde, wenn es um das sogenannte „Gebet der Sammlung" geht, das auch „das Stille Gebet" genannt wird. Es ist die Grundlage, um später die Welt mit offenen Augen zu sehen. Deshalb komme ich immer wieder darauf zurück. Jeden Tag sollten wir eine halbe Stunde in der Stille oder in der Natur die Gedanken loslassen.

„Alles in der Welt ist sinnvoll und wunderbar für ein Paar offener Augen."[7]
JOSÉ ORTEGA Y GASSET

Oft sind wir mit Gedanken nicht bei dem, was wir tun. Durch Einübung der Stille lernen wir, immer mehr bei uns zu sein.

Vor zwanzig Jahren hätten sich viele nicht vorstellen können, was heute passiert: In seriösen Zeitschriften wird über Naturwesen geschrieben, die unsere Natur bevölkern. Ist das alles nur Fantasie und Wunschdenken? Ist das ein Rückfall in ein mythisches Empfinden? Mit dieser Frage habe ich mich lange Zeit befasst. Ich habe an der Universität mit den verschiedenen Professoren darüber diskutiert. Heute muss ich feststellen: Für immer mehr Menschen sind solche Wesen eine Realität. Sie kommunizieren in der Natur auf eine ganzheitliche Art und Weise, indem sie innehalten und das Wunder des Augenblicks wahrnehmen. Sie erkennen immer deutlicher eine innere Verbundenheit mit dem, was sie umgibt. Durch das innere Sichöffnen und das Staunen nehmen sie Kontakt auf mit den Wesen, die sich durch die äußeren Erscheinungen manifestieren. Dies gelingt, weil sie es wagen, im gegenwärtigen Augenblick das innere Wesen zu öffnen. Sie geben sich diesem Augenblick oder diesen Augenblicken hin. Ein anderes Wort dafür wäre „Andacht". Da geht es nicht nur um Zählen und Messen, da geht es um eine Beschaulichkeit, die dem ganzen Wesen des Menschen gerecht wird.

Diese Lebensweise bewirkt, dass du viel bewusster lebst. Das ist die Grundlage, um mehr Freude und Gelassenheit zu erfahren.

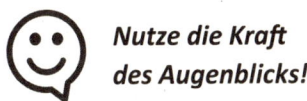 **Nutze die Kraft des Augenblicks!**

Dann lebst du weder in der Vergangenheit noch in der Zukunft. Jeder negative Gedanke quält deine Seele. Er bringt rein gar nichts.

Wenn dich etwas belastet, bringt es nichts, wenn du darüber lange nachdenkst. Gibt es zur Zeit keine Lösung dafür, dann lass es los!

Negative Gedanken quälen unsere Seele, nutzen aber rein gar nichts. Sie belasten nur.

Ein spiritueller Meister würde sagen:

> *Du kannst mit deinen Sorgen dein Leben um keine Haaresbreite verlängern. Im Gegenteil: Du fügst dir Schaden zu. Entscheide dich, die Sorge loszulassen, und du bist frei und glücklich!*

Menschsein ist eine Kunst. Wir können sie lernen. Dazu brauchen wir allerdings auch eine Portion Ausdauer. Der gesunde Mensch lebt mit einer Mitte. Sein wahres Selbst ist diese Mitte oder er sucht sie.

Mir fällt immer wieder auf, wie diese Mitte täglich neu eingeübt werden muss. Deshalb braucht der gesunde Mensch eine tägliche Meditation. Diese ist eine innere und notwendige Aktivität. Sie ermöglicht es dem Menschen, ganz bei sich zu sein. Dies ist die Grundlage, um sein Wesen zu spüren, damit er auch seine Bedürfnisse erkennen kann. Nur der freie Mensch meditiert. Und Meditation befreit den Menschen von Zwängen. Um meditieren zu können, braucht der Mensch die Fähigkeit zur Hingabe. Diese ist es auch, die ihn lieben lässt. Was der Mensch verschenkt, macht ihn letztlich mehr glücklich als das, was er empfängt, weil er so seine Lebendigkeit stärker spürt. Hingabe und Liebe ermöglichen mir zudem Selbsterkenntnis: Ich spüre, wer ich bin, was ich tun kann. Die Reaktion meiner Liebe wird Freude sein, die ich so erfahre. Durch Liebe empfange ich also Freude.

Beim westlichen (spirituellen) Weg geht es weniger um die Erleuchtung des Einzelnen als um den verbindlichen Weg des Miteinanders in Mitgefühl und Liebe. Ein schönes Beispiel bleibt der heilige Bruder Klaus, der immer wieder zwischen Gebet und Meditation ein Fenster geöffnet hat, um den Menschen Rat zu geben und zu helfen. Damit meine ich nicht, dass der östliche Weg sich nur auf die Beschaulichkeit konzentriert. Gerade die Bhagavad Gita kann man mit Recht eine Lehre der Tat nennen. Sie lobt die Tätigen. (Dabei soll es dem Menschen um die Liebe zur Tat gehen, nicht um Erfolg oder um ein Resultat.) Erleuchtung ist ja gerade dort zu finden, wie es auch der christliche Mystiker Eckehart sagt, wo die Meditation zur Erkenntnis der Not eines Menschen führt und der sich auf dem Weg zur Erleuchtung strebende Mensch zur helfenden Tat schreitet. Der Meditierende und der Tätige leben im gegenwärtigen Augenblick. In der Meditation und in der Mystik treffen sich die östlichen und westlichen Menschen. Sie erkennen, was sie verbindet.

Wer untätig war, von dem wird am Ende nur ein unbedeutendes Wesen übrig bleiben...

Wenn wir „im Jetzt" leben, können wir auch unnötigen Ballast und Krempel loslassen und entsorgen oder, wenn wir es selber nicht hinkriegen, entsorgen lassen. Bekanntlich belasten uns Dinge, die nur herumstehen, die wir seit längerer Zeit nicht mehr brauchen. Es ist nicht übertrieben, wenn heute in zahlreichen „Feng Shui"-Publikationen darauf hingewiesen wird, wie unnötiger Krempel den Fluss der Energien blockiert. Es gibt sogar Menschen, die behalten beschädigte Dinge auf, weil sie glauben, damit denjenigen zu achten, der ihnen dieses einmal geschenkt hat. Das ist ein Irrtum. Wenn der andere Mensch es uns aus dem Herzen geschenkt hat, dann kann es unmöglich sein Wille sein, dass wir uns damit belasten. (Sonst wäre es sein Problem...) Außerdem verhindern Krempel und altes Zeug, dass wir keinen Platz für neue Dinge haben, die wir wirklich heute brauchen. Hier ein kleines Beispiel aus dem Alltag: Vor Weihnachten hatte ich einmal keine Zeit, mein Büro aufzuräumen. Ich habe alles aus dem Raum geschafft, in dem ich mich die meiste Zeit aufhalte, habe es in einer großen Kiste verstaut und den erwähnten Raum weihnachtlich geschmückt. Es ist nichts passiert! Aber ich konnte mich an den Weihnachtstagen über die Lichter und den Schmuck freuen. Ich hoffe, es gelingt mir, die Kiste einfach einmal loszulassen…

Glücklich und gelassen ist also nicht unbedingt, wer viel besitzt, sondern wer mit Wenigem auskommt, wer die reiche Vielfalt der Welt erkennt und bestaunt, ohne sich an ihr zu klammern, ohne sie für sich haben zu müssen. Natürlich braucht es ein Mindestmaß an guten Bedingungen. Doch diese bestehen vor allem aus einem nicht materiellen Gut. Dazu zähle ich: eine gesunde Einstellung, die mich das Leben trotz Schwierigkeiten und Hindernissen bejahen lässt, Vertrauen ins Leben, ein Ziel haben und einen Sinn im Leben finden, Freundschaften pflegen, Selbsterkenntnis, Mitgefühl, Durchhaltevermögen, Lernbereitschaft, Humor, u.a. Dann kommen die materiellen Dinge von alleine.

 *Wenn du einmal erkannt hast, dass hinter den meisten Wünschen eine verborgene Sehnsucht steckt, wenn du diese „enttarnst", dann brauchst du wirklich nicht mehr viel, um glücklich und zufrieden leben zu können, um glücklich zu sein!*

Einige dieser Sehnsüchte habe ich schon genannt. Weitere sind: Stille, Entspannung, Geborgenheit, Ausgleich, Glauben und Wissen, Freude, Sicherheit, kreative Ausdrucksmöglichkeit, Anerkennung oder Wertschätzung.

Du kannst jeden Wunsch nach seiner verborgenen Sehnsucht hinterfragen. Dazu ein Beispiel:

Du träumst von einem schönen Eigenheim, einem Haus mit Garten:

Dahinter ist die Sehnsucht nach einer materiellen Sicherheit, oder nach was? Vielleicht ist dieser Wunsch also nicht einmal eine Prestige-Angelegenheit. Unter Umständen hast du in deiner momentanen Wohnsituation auch genügend Platz. Gehen wir weiter davon aus, dass du keine lästigen Mitbewohner im Block hast und eine schöne Aussicht genießen kannst. Weiter wirst du erkennen, dass du auch für die Hypothek Zins zahlen musst. Du kommst so zum Schluss, dass hinter dem Wunsch letztlich „nur" noch ein Bedürfnis nach Sicherheit steckt. Nun könntest du dich fragen, ob die Sehnsucht nach Sicherheit nicht auch anders befriedigt werden kann, mal davon abgesehen, dass es keine absolute Sicherheit gibt. Dann kommen wir zum Vertrauen, das ich oben genannt habe. Es gibt, wie wir gesehen haben, viele Gründe, sich ein Haus zu wünschen. Noch viele mehr, die ich nicht genannt habe. Es ist nicht falsch, ein solches Ziel zu haben. Ich wollte mit diesem Beispiel nur zeigen, wie wir in vielen Fällen innere Sehnsüchte mit äußeren Dingen vermischen oder gar überdecken. Denken wir an Jesus, den Meister des Lebens, den viele als den „glücklichsten Menschen" erkannt haben. Bekanntlich hat er in keinem Eigenheim gewohnt, er hat überhaupt keinen eigenen Raum für sich gewollt oder gewünscht. Er war so innig mit „seinem Vater" (und damit mit allem, denn „Vater" ist eine Umschreibung dafür) verbunden, dass er keinen räumlichen Platz für sich beanspruchen musste.

Wir sehen also, dass viele „Bedürfnisse" ohne die nötigen Mittel befriedigt werden können, da diese „Bedürfnisse" lediglich Vorstellungen sind, die uns täuschen, weil sie anderen (tieferen) Sehnsüchten entspringen. Da bin ich bei einem wichtigen Punkt angekommen: Viele Menschen machen sich Geldsorgen, weil sie sich innerlich an einen Lebensstandard klammern, den sie mit anderen Menschen vergleichen. Sie könnten mit weniger glücklicher und auch gelassener leben, weil sie dann viel weniger Sorgen hätten. Wie wir gesehen haben, finden Menschen weder durch Vermögen noch durch Reichtum Glück oder Gelassenheit.

 *Oft ist ein anderes Bedürfnis hinter einem Wunsch als das, was ich mir vorstelle.*

Gerade Süchte können wir dazu zählen. Wer zu Hochprozentigem greift, ist in vielen Fällen unter- oder überfordert. Er sieht keinen Sinn im Leben oder leidet unter einer unguten Beziehung. Er ist labil oder hat Angst. Es gibt noch viel mehr Gründe. Ein weiterer Grund kann ein Bedürfnis nach Anerkennung oder auch nach Sexualität sein, die er „ertränkt". Wenn er sich von der Sucht befreien will, muss er die verborgene Ursache erkennen. Trinkt er, verdrängt er diese.

Glücklich und gelassen ist, wer vertraut, dass er hat und bekommt, was nötig ist. Auch das Vertrauen lässt sich einüben, ich komme darauf zurück. Dieses Vertrauen macht uns frei und schenkt uns die Erkenntnis, was wir wirklich wollen und brauchen. Glücklich ist, wer sich an den wesentlichen Dingen des Lebens freut: an den Freundschaften, an der Natur, an seine Fähigkeiten und Begabungen, Ja, glücklich ist, wer liebt und singt, wer dankt und sich freut, wer sich bewegt, wer spielt und tanzt! Das sind alles bekannte

Gedanken. Merkwürdig, warum Menschen nicht glücklicher sind, denn viele von uns wissen um diese Wahrheiten. Aber dennoch flüchten wir immer wieder aus der Wirklichkeit.

Ich meine, dass wir Träume haben dürfen. Doch wir sollten sie so behandeln, dass wir sie im Griff behalten. Man kann sich eine halbe Stunde pro Tag eine „Traum-Auszeit" gönnen. Dann lassen wir die Träume los und kehren wieder in die Wirklichkeit zurück. Man kann auch ein Traum-Tagebuch führen. Entscheidend für unser Glück ist, was wir von unseren Träumen umsetzen können. Was kannst du tun, um deinen Traum zu verwirklichen? Und wenn er sich nicht verwirklichen lässt, was ist die zweitbeste Lebenssituation, die du erreichen kannst?

Wer heute „ohne Atem durch die Nächte" eilt, dessen Glück ist von kurzer Dauer. (Ein entsprechendes Musik-Video erreicht auf nur einer Internetplattform in kurze Zeit zwei Millionen Menschen!)

Ich gönne allen dieses Vergnügen. Ehrlich. Doch ich habe erfahren: Bald darauf folgt unter Umständen eine große Leere. Denn der Mensch verlangt nach mehr. Er sucht genauso Beständigkeit und Geborgenheit. Viele rennen dem Glück nach und sehen nicht, dass sie nur kurz in sich gehen müssten, um es zu finden. Das Glück rennt uns nach! Halten wir einen Moment inne, sehen wir, dass wir schon jetzt und heute glücklich sein könnten, wenn wir diesen Zustand zulassen. Vertrauen und danken wir dem Augenblick.

Sehen wir auch jede Schwierigkeit als eine Entwicklungschance. Bejahen wir sie mit Liebe und Gelassenheit, dann überwinden wir sie mit der Zeit. Wir behalten so „das Heft in der Hand". Wir sind Herr der Lage, wenn wir uns dafür entscheiden, dass wir uns nicht ärgern, dass wir nicht dem Zorn oder dem Trübsinn verfallen. Wir verteidigen uns nicht mehr beständig, wir spüren, wie der Angriff von unserem Feuer der Liebe aufgelöst wird. Wir tragen die Fähigkeit in uns, schwere Gedanken, Vorwürfe und Angriffe zu erlösen. Glauben wir daran! Mit diesem Glauben ist nicht eine Ahnung, ein unbestimmtes Gefühl gemeint, sondern eine Lebenskraft, die in uns wartet, geweckt zu werden.

2.
Gelassenheit und Aufmerksamkeit zulassen!

„Bemühe dich, jeder unangenehmen Vorstellung
sofort zu begegnen mit den Worten: Du bist nur
eine Vorstellung und durchaus nicht das, als was du
erscheinst. Dann untersuche sie und prüfe sie nach
den Regeln, die du hast, und zwar zuerst und vor allem
danach, ob es etwas betrifft, das in unserer Gewalt ist,
oder etwas, das nicht in unserer Gewalt ist; und wenn
es etwas betrifft, das nicht in unserer Gewalt ist,
so sprich nur jedes Mal sogleich:
‚Geht mich nichts an!'"[8]

Vor zweihundert Jahren hat sich einmal eine kleine Maus in
einen Lebensmittelladen einschließen lassen. In den frühen
Morgenstunden erwachte sie und fand sich wie im Paradies.
Der Ladenbesitzer hat am vergangenen Abend nicht ge-
wischt. Da lagen kleine Stücke von Käse, von einer Wurst,
von Kuchen herum. Die kleine Maus war hungrig und rann-
te von der Wurst zum Käse, dann zum Kuchen. Sie konnte
sich einfach nicht entscheiden. Plötzlich ging die Tür auf,
der Besitzer kam herein und verscheuchte die kleine Maus,
noch ehe sie einen einzigen Bissen genießen konnte.

Ja, im Leben müssen wir uns oft entscheiden. Ist es dir auch schon so ergangen? Nach einer Entscheidung hast du dir die Frage gestellt: Habe ich mich richtig entschieden? Es gibt Menschen, die lassen sich von dieser Frage noch lange Zeit nach der Entscheidung quälen. Fakt ist: Sie haben sich entschieden. Denn in den meisten Fällen gibt es kein Zurück. Hier ist Vertrauen nötig. Und einmal mehr bin ich beim Thema „Loslassen". Denn umgekehrt müssen wir uns in vielen Situationen auch fragen: „Wer kann mit Sicherheit sagen, dass ich mich falsch entschieden habe?" Und selbst wenn sich im Nachhinein herausstellen würde, dass unsere Entscheidung falsch war, dürfen wir uns verzeihen. Wir haben dann etwas gelernt. Du hast dich entschieden, dieses Buch zu lesen. Das ist auf deinem Weg zum Glück in jedem Fall ein weiterer Schritt. Denn selbst, wenn du einige Gedanken schon kennst, wäre die Wiederholung sinnvoll, weil du damit das glückliche Leben einübst, dein Gehirn auf Glück programmierst. Die Lektüre ist auch dann nützlich, wenn du in diesem Buch nicht findest, was du gesucht hast. Warum?

Es gibt zahlreiche Bücher zum Thema „Glück". Einige Menschen zweifeln, ob sie durch die Lektüre wirklich mehr Glück erfahren können. Glück kann man nicht mit einem Buch einkaufen. Es ist eine Grundhaltung, die eingeübt werden muss. Nur der verdient sich das Glück, der es täglich (neu) erobert. Das klingt nach viel Arbeit. Aber mit jeder Eroberung wird es leichter! Dieses Buch hilft dir zu sehen, was dir guttut. Aber selbstverständlich kann es dir deine Entscheidungen nicht abnehmen. Du wirst staunen: Nicht einmal Gott kann das! Ich möchte dir hier eine Aussage vorstellen, die es m.E. auf den Punkt bringt, warum Gott uns die Entscheidungen nicht abnimmt, auch wenn wir ihn noch so sehr darum bitten. Die Aussage stammt aus einem Buch, das ich jedem Menschen empfehlen könnte: „Das Gebet der Sammlung" von Thomas Keating. Darin schreibt er:

„Manche Menschen beklagen sich darüber, dass Gott ihre Gebete nie erhört. Warum sollte er auch? Dadurch, dass er keine Antwort auf unsere Gebete gibt, erhört er unsere größte Bitte, diejenige um Verwandlung."[9]

Ich habe noch keine bessere Anleitung und Begleitung für eine gute Meditation gefunden. Man spürt, wie der Autor aus Erfahrung schreibt. Er kennt die Hindernisse und Fragen, weil er selber den Weg gegangen ist. Und hier muss ich schreiben: Man kann diese Art des Meditierens eigentlich nicht beschreiben, sondern nur erfahren. Oder anders gesagt: Nur wer sich darauf einlässt, wer selber diesen Weg geht, wird Glück und Freude erfahren, die er sich vorher niemals hätte vorstellen können. Ein Mensch, der diesen Weg geht, spürt, dass er geführt wird. Er muss die Führung nur zulassen. Das Gebet der Sammlung wird auch „kontemplatives Gebet" oder „Gebet der Stille" genannt. Es geht darum, Alltagsgedanken loszulassen, um ganz in der Stille sich auf ein Wort der Kraft zu konzentrieren. Das kann der Name eines spirituellen Meisters oder dessen bedeutungsvolle Aussage sein. Da Christus, Gottes Sohn, uns seine bleibende Gegenwart versprochen hat, rufe ich mir bei meinem persönlichen Beten seinen Namen in Erinnerung. Es geht aber nicht darum, diesen oder ein Wort möglichst oft zu wiederholen. Vielmehr soll auch dieses Wort mit der Zeit losgelassen werden, um zwischen den Worten sein Wesen zu spüren. Er ist da als

Helfer, Heiler und Freund. Er schenkt uns beständig seine Liebe und Kraft. Man kann keine größere Freude im Leben finden, als seine Gegenwart ganz real wahrzunehmen. Plötzlich wird alles zweitrangig. Nach einem Gebet der Stille ging ich eine halbe Stunde in die Natur. Da hörte ich einen Hund bellen und dachte: Der Hund bellt in mir! Was ich damit sagen möchte: Das Bellen des Hundes konnte mich nicht mehr stören. Es war Teil meines Seins, das ich mit allen und allem teile. Wir müssen heute lernen, mit dem Lärm zu leben. Das ständige Brummen der Flugzeuge und der Motoren macht uns krank, wenn wir nicht durch die Kraft der Meditation einen Ausgleich schaffen.

Aus Erfahrung durch Gespräche mit leidenden Menschen habe ich die Ursache vieler Krankheiten entdeckt: Diese Menschen waren zu lange „fremdbestimmt", d.h., sie haben den Zugang zu ihrem Wesen mit seinen Bedürfnissen verloren. Andere haben die Möglichkeit nicht mehr wahrgenommen, bei sich zu sein. Der Philosoph Pascal hat bereits im 17. Jahrhundert das Unglück der Menschen beschrieben, die vor sich selbst fliehen, es sich nicht mehr mit sich selbst aushalten. Sie sind unfähig, allein eine Stunde in Ruhe in einem Zimmer zu sein.

Suchen wir Orte der Stille auf, schotten wir uns für Zeiten von dem Lärm ab. In der Stille liegen Kraft und Heilung.

Das Gebet der Stille lernt Intuition. Wir vereinen uns mit allem. Durch diese Meditation lernen wir, subjektive Empfindungen, wie Urteile, Unsicherheiten und Ängste, loszulassen.

Die Kunst der heiteren Gelassenheit

Ja, noch mehr: Wir lassen uns selbst los.

Und: Durch das Stille Gebet wirst du dich mehr lieben, weil du in der Stille Gott spürst, der dich bedingungslos liebt. Dieses Gebet steigert die Aufmerksamkeit. Es lässt den inneren Menschen aufwachen.

Ein Mensch, der einmal die spirituelle Meisterschaft erlangen wollte, ging in den Osten, um die Technik des Bogenschießens zu erlernen. Er kam an einen Punkt, wo der Lehrer mit ihm zufrieden war, lächelte und aus Freude weinte, weil der Pfeil „von alleine wegflog". So kann man das bei der Meditation erfahren. Ich selber habe das beim Schwimmen erfahren. Ich kam an einen Punkt, an dem ich „von alleine" schwamm. Dies lässt sich schwer in Worte kleiden. Ich habe die Bewegung nicht mehr wahrgenommen, habe keine Gedanken mehr gehabt. Es ist Gnade, sich loslassen zu dürfen, um geführt zu werden. Entscheide dich, deiner Führung zu vertrauen! Wir alle machen solche Erfahrungen, z. B. im Urlaub, wo wir uns ganz einer Erscheinung hingeben, fasziniert sind von ihr. Es geht hier darum, dass wir ein solches Loslassen durch die Meditation auch im Alltag einüben.

Die Kunst des Bogenschießens kommt dem stillen Gebet nahe. Der Schütze ruht in sich, ist „geerdet". Dies ist eine Frucht seiner Übung, denn ohne diesen Charakterzug könnte er den Bogen nicht ruhig halten. Doch die Übung schenkt ihm auch Ruhe und Gelassenheit. Indem er lernt, den Bogen ganz ruhig zu halten, erreicht er eine spirituelle Ebene, die Dimension der Harmonie.

Nochmals möchte ich hier auf das Labyrinth hinweisen, das im vorletzten Kapitel als Symbol für „Sinn finden und

Selbstvertrauen" steht: Kann es sein, dass es sich dabei um ein „Wahrbild" handelt? Was ich damit meine:

Oft bewegen wir uns scheinbar im Kreis. Wir haben den Eindruck, dass wir nicht vorwärtskommen. Wenn wir uns „von oben" sehen könnten, wenn wir unser Leben aus einer übergeordneten Perspektive betrachten könnten, würden wir erkennen, dass wir auf dem Weg geführt wurden, ja, dass wir unseren Weg gegangen sind. Umwege sind manchmal nötig, aber nicht sinnlos. Deshalb müsste ich besser schreiben: „scheinbare Umwege". Die Durststrecken gehören zu unserem Dasein. Mit ihnen lernen wir Ausdauer, mit der Ausdauer Vertrauen. Wenn wir Achtsamkeit, Vertrauen und Liebe einüben, werden wir uns selbst verzeihen, wenn wir etwas falsch gemacht haben.

Seit meiner Jugend begleiten mich die „Tagebuch-Aufzeichnungen" von Dag Hammarskjöld. Er war für mich ein moderner Mystiker und hat das Leben in der Gegenwart, die Aufmerksamkeit und die Stille selber als „mystisches Erlebnis" gedeutet:

„Das ‚mystische Erlebnis'.
Jederzeit: hier und jetzt –
in Freiheit, die eine Distanz ist,
in Schweigen, das aus Stille kommt.
Jedoch diese Freiheit ist eine Freiheit unter Tätigen,
die Stille eine Stille zwischen Menschen.
Das Mysterium ist ständig Wirklichkeit bei dem,
der inmitten der Welt frei von sich selber ist:
Wirklichkeit in ruhiger Reife unter des Bejahens
hinnehmender Aufmerksamkeit.

Der Weg zur Heilung geht in unserer Zeit
notwendig über das Handeln.[10]

Mit seinem Wirken hat der UN-Generalsekretär selber gelebt, was er als Wahrheit erkannt hat. Er hat für sich einen gangbaren Weg gefunden, der auch vielen anderen Menschen Anregungen zu einem erfüllten Leben schenkt. So waren und sind seine Notizen tatsächlich „Zeichen am Weg" für suchende Menschen. Auch wenn er hier über eine Stille zwischen Menschen schreibt, die wohl das innere Schweigen meint, um den anderen Menschen zu verstehen, so ist doch die laute Welt eine Belastung für die Seele. Wenn ich heute diese Zeilen schreibe, höre ich ein Flugzeug über mir. Es ist wieder ein Sommer, in dem ich keinen Spaziergang machen kann, ohne beständig den Motor eines Flugzeugs zu hören. Der Flugverkehr hat dermaßen zugenommen, dass wir bald „keine ruhige Minuten mehr haben". Ich bin überzeugt, dass der Mensch Zeiten der Stille braucht. So gesehen ist der Lärm ein Angriff auf unser Glück. Stille muss ein Menschenrecht werden. Denn die Seele atmet in der Stille durch. Wir wissen, dass Lärm krank macht. (Man hat das Gefühl, dass der gewaltsame Tod des UN-Generalsekretärs durch einen Flugzeugabsturz gleichsam ein vorausgehendes „Mahn-Symbol" dafür ist; als würde mit dem Verschwinden der Stille die Mystik verloren gehen…)

Wenn der Mensch heute glücklich leben will, muss er (für sich) die richtige Lebensform finden. Diese findet er nur durch richtige Entscheidungen. In unserer sogenannten Multioptionsgesellschaft, hier in weiten Teilen von Europa, wo viele oft mehr als genug zum Leben haben, sind wir gleichsam zur Entscheidung „verurteilt".

Wie viele Menschen verlieren sich durch die zahlreichen Entscheidungsmöglichkeiten. Sie spüren nicht mehr, was ihnen guttut, was sie wirklich brauchen und wollen. Sie sind gehetzt und gestresst.

Ich habe eben erwähnt, dass wir Menschen uns heute in Mitteleuropa entscheiden dürfen oder müssen. Glück hängt also im großen Maße davon ab, ob wir uns richtig entscheiden. Deshalb müssen wir Fragen stellen, die nur wir selbst stellen können:

Wo habe ich in meinem bisherigen Leben Glück erfahren?
Was wünsche ich mir von Herzen?
Was muss ich tun, um es zu erreichen?
Gibt es Wünsche, die unrealistisch sind?
Kann ich sie ersetzen oder muss ich sie loslassen?
Welche Wünsche könnten in Erfüllung gehen?
Was tue ich?

Angst, Stress, Ärger, Monotonie machen krank. Sie verhindern ein glückliches Leben. Deswegen sollten wir diese vermeiden. Das scheint einfach zu sein. Doch wir können viel erreichen, wenn wir uns überlegen, was das Gegenteil von Angst, Stress, Ärger oder Monotonie ist. Unter welchen Umständen sind wir glücklich?

Vielleicht hilft es dir, folgende Aussagen zu vervollständigen:

 Ich bin glücklich, wenn ich _____

_____

Die Kunst der heiteren Gelassenheit

☺ *Ich fühle mich gut, wenn ich* _____

_____

☺ *Mein kurzfristiges Ziel ist es,* _____

_____

☺ *Mein langfristiges Ziel ist es,* _____

_____

☺ *Ich genieße es, wenn ich* _____

_____

☺ *Ich freue mich auf* _____

_____

☺ *Es tut mir nicht gut, wenn ich* _____

_____

☺ *Damit ich besser leben kann, brauche ich* ___

_____

Die meiste Freiheit verbringen Menschen in unserer Umgebung vor dem Fernsehgerät. Letztlich entscheiden damit im hohen Maße die Programmdirektoren über das, was „uns gefällt". Wir werden also fremdbestimmt, oft merken wir das gar nicht. Wir leben in der Illusion, frei wählen zu können. Dabei vergessen wir, dass eine Quantität nicht unbedingt mit einer Qualität gleichzusetzen ist. Es ist klar, dass wir uns dabei an ein unterdurchschnittliches Niveau gewöhnen, ohne dies zu bemerken.

Gelassenheit und Aufmerksamkeit zulassen!

Wir sehen die Welt so, wie man uns gelehrt hat, sie zu sehen. Ebenso wahr ist: Der Mensch begreift in erster Linie das, was er begreifen will. Die Wirklichkeit ist immer viel differenzierter. Einen Funken Offenheit müssen wir uns behalten, die Welt auch anders zu sehen. Wir dürfen uns gestatten, ein vorherrschendes Weltbild zu hinterfragen. Wir dürfen zu dem stehen, was uns geprägt hat, was wir geworden sind. Aber keiner kann verlangen, dass wir dies ewig bleiben. Wir dürfen uns weiterentwickeln. Wir dürfen unsere Schlagseiten erkennen. Wenn du mit weiteren Fragen dir selbst auf die Spur kommen möchtest, kannst du besser erkennen, was dir zu deinem Glück verhilft. Am Ende meines Buches „Lebenskraft im beruflichen Alltag" habe ich ein sogenanntes 3-Wochen-Programm angefügt. Es enthält Fragen, die alle Menschen betreffen und die verschiedenen Bereiche unseres Lebens beleuchten.[11]

Wenn Menschen mit Schwierigkeiten zu mir kommen, dann bemerke ich in ganz vielen Fällen, dass sie in der Vergangenheit kleben geblieben sind. Alles dreht sich um die Vergangenheit. Sie meinen, je mehr sie darüber reden, desto besser würde es ihnen gehen. Das ist ein Irrtum. Sie müssen sich mit der Vergangenheit versöhnen. Erst wenn es uns gelingt, die Menschen zu segnen, die uns verletzt haben, können wir einen Schritt weitergehen.

Alkohol und Fernsehkonsum machen träge. Viele denken bei einer anstehenden Veränderung, die längst fällig wäre: „Das könnte ich tun...", dann lassen sie sich weiter unterhalten und verdrängen den Wunsch wieder. Oft ist der Leidensdruck nicht hoch genug oder wir sind einfach zu bequem für eine Veränderung, die vielleicht Kraft und Ausdauer von uns verlangt. Beim Fernsehen kommt hinzu, dass wir die vielen Bilder gar nicht richtig verarbeiten können. Wir unterschätzen die Gefahr, die von diesem Medium ausgeht. Es schottet uns letztlich von anderen ab. Deshalb habe ich als Schlusssatz im eben erwähnten Buch geschrieben:

„Wenn ich nicht aufgebe, erhalte ich die Chance eines besseren Lebens."

Lass niemals zu, dass andere vollständig über dich bestimmen. Mach' dich unter keinen Umständen von einer anderen Person oder von anderen Personen, Drogen oder anderen Beeinflussungen abhängig!

Nur wenn du nicht manipuliert wirst, bist du wach. So wirst du Herr deiner Gedanken. Erlaube dir, negative Gedanken loszulassen. Erlaube dir, dich am Leben zu freuen! Dies kann keiner für dich tun! Gedanken über das, was dir im Leben Freude macht, machen dich glücklich.

Grundsätzlich gilt: Ersetzen wir so oft wie möglich negative Gedanken durch positive. Damit meine ich nicht, dass wir keine negativen Gedanken mehr haben dürfen. Das geht gar nicht. Wir würden weltfremd und die realen Gefahren bald nicht mehr sehen. Ich meine die Gedanken, die uns immer wieder belasten und beherrschen. Sie versklaven uns. Diese müssen wir zum Teil ersetzen und zum Teil transformieren. Wir müssen ihnen den richtigen Platz zuweisen. Die Welt besteht aus Licht und Schatten. Es geht darum, den negativen Gedanken liebevoll zu begegnen, sie als Wolken zu sehen, die vorüberziehen.

Begrüße den negativen Gedanken. Begegne ihm freund-
lich, lächle über ihn, bejahe ihn. Ist es ein Problem, das
du zur Zeit nicht lösen kannst, dann lass ihn wie eine Sei-
fenblase in den Himmel aufsteigen, wo er sich auflöst.

Jeder spirituelle Mensch, der schon einen Weg gegangen ist und Lebenserfahrung gesammelt hat, wird mit seinem Leben bestätigen, dass er durch diese Annahme der dunklen Seite des Daseins Gelassenheit und Gleichmut eingeübt hat. Er begegnet dem Leiden, den Krankheiten und Sorgen mit Freundlichkeit und Ruhe. Er nimmt sie als Herausforderung, dem Leben unter allen Umständen zu vertrauen. Alles menschliche Unglück, oder besser gesagt, das, was wir als Unglück ansehen, ist nur ein Unglück, wenn wir uns nicht mehr wandeln lassen. Denn Leben ist Wandlung. So gesehen ist nicht einmal der Tod ein Unglück, er ist eine Verwandlung.

Leben ist Wandlung. Wer sich dieser verschließt, stirbt ab. Treffend bringt dies die Aussage zum Ausdruck, die ich hier nicht unerwähnt lassen kann:

„Wer keine Angst vor der Veränderung hat, braucht keine Angst vor dem Leben zu haben."

Wahr, gesund und richtig lebt, wer sich immer wieder neu aufmacht und weitergeht. Gerade der Mensch, der sich täglich Zeit für Meditation und Gebet nimmt, hat einen Anker. Er hat deswegen die Kraft, „diesen hochzuziehen", um sich auf neue Situationen einzulassen. Dieser Mensch bricht im doppelten Sinne des Wortes auf: Er strebt neue Dimensionen des Lebens und des Bewusstseins an. Und er bricht das

Erstarrte in seiner Seele, die ausgedienten Gewohnheiten, die angestauten Hemmungen, die Ängste und Sorgen, die Zweifel und die Selbstverachtung auf. Denn indem er den Mut aufbringt, sich selbst zu erkennen und sich mit der Vergangenheit zu versöhnen, integriert er den Schatten. Oder anders gesagt: Er deckt ihn auf. Er erhellt das Dunkle. Er geht mutig den Weg weiter. Dagegen braucht er auch „Orte", die ihm Geborgenheit schenken: eine Gemeinschaft, ein Freund, ein Zuhause, eine physische Sicherheit, ein Wertesystem.

> *Wenn es dir gelingt, den negativen Gedanken so vergehen zu lassen, wie ein Stück Schokolade auf deiner Zunge schmilzt, die du genießt, dann bist du der Erleuchtung nahe!*

Erst wenn du heiter und gelassen lebst, kann dir das Glück begegnen! Dann strahlt es dich an. Dann spiegelst du das Licht, die Schönheit, die Freude der Welt. Dann ist dein Spiegel klar. Die trüben Gedanken sind Staub auf deinem Spiegel, ich könnte auch sagen „auf deinem Herzen", auf dem Glücksorgan.

Es ist längst nachgewiesen, dass wir Menschen den negativen Gedanken viel mehr Platz geben als den positiven. Wenn es uns gutgeht, nehmen wir das kaum wahr. Warum eigentlich nicht? Wir brauchen Rituale, die uns daran erinnern, dass es uns gutgeht. Notieren wir uns Glücksmomente! Ich wiederhole mich hier bewusst: Nehmen wir uns vor, jede Stunde einmal an das zu denken, was uns Freude macht!

Wenn du dem ganzen Leben so mit Liebe und Gelassenheit begegnest, wirst du gesund leben, weil du dich nicht mehr von der Angst auffressen lässt. Dein Vertrauen ins Leben schenkt dir heitere Gelassenheit!

3.
Gelassen mit Vermögen und Zeit umgehen!

„Genieß die Gegenwart
mit frohem Sinn."
HORAZ[12]

Im Zusammenhang mit der Aufforderung, das Leben zu genießen, fällt mir immer wieder die kluge Geschichte ein, die sich wohl schon oft so oder so ähnlich ereignet hat:

Ein Junge sitzt am Ufer des Meeres und fischt. Ein gut gekleideter Mann kommt vorbei. Er blickt den Jungen mit einer Mischung aus Mitleid und Überheblichkeit an. Man, merkt, er ist ein Boss. Er trägt teure Kleider, ist, wie man sieht, wohlgenährt.

„He, du!", hören wir ihn rufen, „du sollst nicht hier sitzen und fischen, geh' arbeiten!"

„Warum sollte ich das tun?", will der Junge wissen.

„Weil du dann Geld verdienst. Du kannst dich in einem Betrieb hocharbeiten, zuerst wirst du Abteilungsleiter, mit einem großen Einsatz wirst du dann einmal die Firma übernehmen!"

„Und dann?", will der Junge wissen.

„Dann musst du nicht mehr arbeiten und kannst tun, was du willst!"

Darauf antwortet der Junge:

„Aber das tue ich ja jetzt schon!"

Die kleine Geschichte regt zum Schmunzeln an. Keineswegs will ich behaupten, dass man durch einen größeren Einsatz nicht auch mehr Lebensqualität erzielen kann. Ein ehrlicher Mensch geht nach dem Schmunzeln zum Nachdenken über und erkennt: Wer mehr leistet, kann auch viel mehr Menschen helfen! Die Geschichte hat eben ihre Grenzen, wenn wir glauben, sie wollte uns zum Minimalistentum überreden. Zudem: Wer sich nicht mehr herausfordern lässt, der verhindert seine Entwicklung. Der Arbeitsplatz ermöglicht soziale Kontakte. Mit den Steuern, die Menschen zahlen, helfen sie schwächeren Menschen. Damit fördern sie das Gemeinwohl. Wer immer mehr gibt, darf Freude empfinden, dass er „geben darf und kann". Wir lernen voneinander. Aber oft überlegen sich viele zu wenig, wie hoch der Preis für ein einseitiges Streben nach Macht und Leistung ist. Da gibt es Menschen, die arbeiten hart und lange. Sie vergessen dabei die Gegenwart und sind ganz auf ein Ziel fixiert. Wenn es bei diesem Ziel ausschließlich um Besitz oder Vermögen geht, dann ist in den meisten Fällen nicht der ganze Mensch dabei. Denn um ein solches Ziel zu erlangen, wird oft sehr viel Fremdbestimmung gefordert. Die neue Generation „Y" besinnt sich wieder auf ein natürliches Leben. Menschen, die sich zu diesem Lebensgefühl bekennen, sind weder Weicheier noch Faultiere. Vielmehr hinterfragen sie das maßlose Streben nach Macht, Vermögen, Luxus und Ansehen. („Y" wird im Englischen „why" ausgesprochen. Übersetzt bedeutet es „Warum?" Wer so fragt, will wissen: „Warum soll ich das tun?" Eben das war die Frage des jungen Fischers.)

Für viele bedeutet „Leben" arbeiten und Geldverdienen. Immer wieder müssen wir uns darauf besinnen, dass Arbeit mehr ist als Geldverdienen. Aber ebenso ist wahr:

Das Leben besteht nicht nur aus Arbeit! Und immer wieder weisen uns Psychologen und Soziologen darauf hin, dass ein ehrenamtliches Engagement noch viel mehr Erfüllung schenkt. Warum ist das so? Vermutlich spürt der Mensch, dass die wichtigsten Dinge weder gekauft noch bezahlt werden können. Dazu zähle ich die Liebe.

Apropos „Arbeit": In einer anderen Geschichte arbeitet ein Mann seit Jahren mit grimmiger Miene. Er müht sich ab und hat Angst, dass er nicht genug verdient, dass die Einnahmen ausbleiben. Wenn ich mich richtig erinnere, hat er Dinge verkauft. Eines Tages entdeckt er eine Schatzkiste seines verstorbenen Vaters. Auf ihr liegt ein Brief, mit welchem der Vater ihm mitteilt: „In dieser Schatzkiste ist ein Vermögen, das ausreicht, damit du nicht mehr arbeiten musst." Er geht aber weiterhin zur Arbeit. Nun ist er entspannt und lächelt den Kunden zu. Denn er ist beruhigt und sicher, dass er immer genug hat. Die Kunden kaufen nun vermehrt bei ihm ein. Sie fühlen sich angezogen von seinem heiteren Wesen, das Gelassenheit ausstrahlt. Am Ende seines Lebens öffnet er die Schatzkiste. Sie ist leer.

Wir meinen zunächst, diese Geschichte will darauf hinweisen, dass wir unserem Vermögen, unserer Kraft vertrauen sollten. Ich finde es aber interessant, dass sie auch eine ganz profane Deutung zulässt: Der Mensch strebt nach Sicherheit. Trotzdem lernen wir von der Geschichte, unsere Arbeit mit

Freude und einem Lächeln auf dem Gesicht zu verrichten. Der gläubige oder spirituelle Mensch könnte im Begriff „Vater" Gott sehen, dem er stets vertrauen kann. Oft wundere ich mich darüber, wie oft Menschen über Geld reden. Viele meinen, sie hätten zu wenig. Sehe ich dann aber, wie sie leben, dann komme ich zu einem anderen Schluss... Wer zu oft ans Geld denkt, der belastet sich. Auch jeder negative Gedanke belastet. Er schwächt den inneren Menschen. So wird der Mensch anfälliger für Krankheiten, denn Leib und Seele sind eins, sind in ständiger Korrespondenz miteinander. Jeder negative Gedanke hat Auswirkungen auf den Körper.

Aus Amerika kommt der Slogan „Zeit ist Geld" von einem Mann, genauer von Benjamin Franklin. In unserer Zeit sind es oft Frauen, die raten: „Mehr Zeit für sich zu haben lohnt sich." Denn schöne Erlebnisse steigern das Wohlbefinden. Wer immer nur Zeit sparen will, verliert sich selbst. Er verkauft sich ans Internet, an sein Handy, an das Fernsehen. Wenn aber Zeit Geld ist, dann geht es bald nur noch um Leistung und Vermögen. Ein Sprichwort sollte uns zu denken geben. „Wer alles nur wegen des Geldes macht, wird bald für Geld alles machen." Und bekanntlich hängen diese Einsätze meistens mit einem Konkurrenzdenken zusammen, was bedeutet, dass wahre Freundschaft auf der Strecke bleibt. Wie wohltuend, ja, heilsam dagegen können persönliche Begegnungen und Zuwendungen ohne Profitgier sein. Zudem würden wir uns bald in einer unmenschlichen und kalten Welt finden, wenn wir keine Zeit mehr füreinander hätten. Zeit ist also oft „Falschgeld"! So füge ich hier noch einen weiteren Gedanken zur Zeit an:

Heute muss alles immer schneller gehen. Wir sind es, die sich für ein rastloses Leben entscheiden. Einer hat ausgerechnet, dass in den Städten die Geschwindigkeit des Lebens in den letzten Jahren um zehn Prozent zugenommen hat. Menschen tun alles, um Zeit zu sparen. Man schlingt während der Arbeit ein Sandwich in sich hinein. Man will um jeden Preis Zeit sparen und verschwendet dann die gesparte Zeit wieder. Menschen lassen sich von E-Mails und SMS terrorisieren. Sie haben Angst, den Überblick zu verlieren. Doch sie bleiben Menschen mit einem natürlichen Wesen, mit einem Körper, der Rhythmen braucht, der den Naturgesetzen unterworfen ist. Wer sich an den Stress gewöhnt, der ist auf dem direkten Weg in eine Überforderung. Jemand hat einmal treffend gesagt, ein Herzinfarkt sei ein „Zeitinfarkt". Der Mensch stirbt, weil er sich selber überfordert hat, weil er nicht mehr auf die Signale des Körpers gehört hat. Also, erinnern wir uns an unsere Kindheit! Was uns damals guttat, tut uns auch heute noch gut. Langweilen wir uns wieder einmal. Das ist gesund!

Aus dem Paradies der Erinnerungen kann uns keiner vertreiben, hat einmal ein kluger Mensch gesagt. Aber was, wenn uns die Erinnerungen an schöne Erfahrungen fehlen, weil wir nur gearbeitet haben und arbeiten? Wie oft schon habe ich mit Menschen gesprochen, die todkrank waren. Viele von ihnen wurden kurz vor der Pensionierung vor die Tatsache gestellt, dass sie sich in einer lebensbedrohlichen Lage befinden. Und viele von ihnen haben mir gesagt, sie hätten das Leben lang hart gearbeitet, mehr als vierzehn Stunden pro Tag, ohne jemals Urlaub zu machen. „Und nun das..., kurz vor der Pensionierung." In manchen Fällen musste ich denken: Ja, das war und ist wohl die eigentliche Ursache der Krankheit...

Nicht nur, dass sie ihrem Körper die nötige Beachtung

verweigert haben, sie haben, was noch schlimmer ist, die Seele verhungern lassen.

Kennst du Till Eugenspiegel? Der Narr, der doch Weisheit verkündet hat. Er wurde einmal von einem Kutscher angesprochen. Dieser wollte wissen, wie lange seine Fahrt bis zur nächsten Stadt dauern würde. Till gab ihm zur Antwort: „Wenn Sie schnell fahren, dauert die Fahrt zwei Stunden. Wenn Sie langsam fahren, dauert sie eine halbe Stunde." „Du Narr", meinte der Kutscher und trieb sein Pferd an. Till ging weiter und traf bald den Kutscher verletzt im Straßengraben liegen. Die Achse des Wagens war gebrochen. Till ging mit einem Lächeln an ihm vorbei und sagte: „Ich sagte Ihnen ja, wenn Sie langsam fahren, dauert es eine halbe Stunde."

 *Entschleunigen wir unser Leben!*

Ein schönes Beispiel für das, was heute in unseren Industrienationen vielen Menschen neben der freien Zeit wichtig ist, habe ich beim Autor John Ruskin gefunden. Er schreibt über das Geld oder das Vermögen:

„Wenn immer das Geld der Hauptlebenszweck
eines Menschen oder einen Volkes ist,
wird es sowohl schlecht erworben als schlecht
verausgabt und richtet beim Erwerben und
beim Ausgeben Schaden an."[13]

Viele Menschen versuchen also nicht nur krampfhaft, Zeit zu sparen, sie wollen auch Geld sparen. „Spare in der Zeit, dann hast du in der Not", lautet ein Sprichwort. Und es ist gewiss sinnvoll, einen Notbatzen zu haben. Doch eine absolute Sicherheit gibt es in weltlichen Dingen nicht. Deshalb ist es sinnvoll, mit dem erwirtschafteten Geld im Hier und Jetzt zu leben, sich auch einmal etwas zu gönnen. Denn wir müssen John Ruskin zustimmen, wenn er über das Geld schreibt:

„...einmal muss es ausgegeben werden;
es fragt sich nur, ob der, der es erwarb,
es verausgaben soll oder jemand anders;
und im allgemeinen ist es besser,
wenn der es ausgibt, der es erwarb;
denn er kennt seinen Wert und Nutzen am besten."[14]

Reiche sagen uns, dass es Intelligenz braucht, ein Vermögen zu erwirtschaften. Es braucht aber ebenso Intelligenz, es sinnvoll auszugeben.

Nicht wenige geben deshalb einen Teil davon an bedürftige Menschen ab. Andere erstellen ein Testament. Aber wer kann dir beweisen, dass dieses Geld dann einem tatsächlichen Opfer zugutekommt? Es ist also immer besser, das Geld „mit warmen Händen" (zu Lebzeiten) zu verschenken. Zudem gehen Menschen mit Geld ganz anders um, wenn sie es nicht selber verdienen mussten, wie es Ruskin angetönt hat.

Für den Menschen sei es die „Hauptprobe", die zeigt, dass das Geld nicht die Hauptsache ist, wenn er im mittleren Alter innehalten kann und sich sagen würde, er könne und wolle vom dem leben, was er selber verdient hat. Denn er möchte arm aus der Welt gehen, wie er arm hineinkam.[15]

Eine amerikanische Heilerin hat einmal eine Affirmation empfohlen, die das menschliche Wesen darauf einstimmt, dass es trotz Geld Heilung erfahren kann. Sie hat diese formuliert, weil sie wohl gespürt hat: Ein angehäuftes Vermögen kann unter Umständen Heilung verhindern.

Und was wir in diesem Zusammenhang nie vergessen sollten: Es nutzt uns letztlich wenig, wenn wir uns in der ersten Hälfte unseres Lebens so abmühen, ein Vermögen zu erlangen, und dann den größten Teil davon dafür brauchen, um in der zweiten Hälfte unsere Gesundheit wieder herzustellen, die wir durch Stress und Überarbeitung ruiniert haben.

Phil Bosmans Worte bringen zum Ausdruck, dass viel Geld auch spontane Freude zerstören oder verhindern kann:

„Das Glück des Menschen —
ich habe seine tiefsten Gründe gesucht,
und das habe ich herausgefunden:
Der Grund liegt nicht im Geld oder Besitz oder Luxus,
nicht im Nichtstun oder Geschäftemachen...
Bei glücklichen Menschen fand ich immer tiefe Geborgenheit als Grund, spontane Freude
an kleinen Dingen und eine große Einfachheit."[16]

Liebe geht durch den Magen, das wissen wir alle. Oft tut es uns gut, wenn wir uns auf die wesentlichen Dinge besinnen. Dazu zählt das „tägliche Brot":

Ich war einmal in einer Versammlung, wo der Vorstehende der Gemeinschaft eröffnen musste, dass es mit den Finanzen nicht gut steht. Es wurde diskutiert. Plötzlich brach der Vorstehende die Gespräche ab und lud alle zu einem Imbiss ein. Die Stimmung änderte sich schlagartig: Bald schreibe man wieder schwarze Zahlen. Fazit: Man soll nicht mit leerem Magen über das fehlende Geld reden oder nachdenken. Wer das tägliche Brot genießt, fühlt sich getragen. Schon eine Scheibe Brot vermittelt Heil und Kraft.

Ich erinnere mich an eine Anstellung, die mich überdurchschnittlich belastet hat. Mein Weg zum Arbeitsort führte mich jeweils bei einer offenen Bäckerei vorbei, wo die frischen Backwaren im Gang zum Abkühlen auf den Blechen lagen. Der Duft des frischen Brotes erschien mir wie eine Berührung aus einer anderen Welt. Es ist schwer, diese Empfindung in Worte zu kleiden: Es waren spirituelle Erfahrungen. Ich spürte durch den Duft die geistige Wirklichkeit. Dieser „Anhauch" gab mir jeweils Kraft, den Tag gut zu beginnen.

Das gute Leben finden wir dort, wo wir Kraft und Nahrung finden. Es ist in einem kleinen Stück Brot, das dich erhält und ernährt. Es ist der Duft des Brotes, der unser Herz erfreut, weil unser Herz nur gehalten werden will. Im Vaterunser beten Menschen um dieses Brot: Zugleich ist es eine Bitte, die geistige Führung möge uns tragen und erhalten. Mit dem folgenden kleinen Ausflug in die Welt des Brotes möchte ich darauf hinweisen, wie in einem scheinbar alltäglichen Stück Brot ein Wunder gesehen werden kann. Sind wir uns bewusst, dass jedes Stück Brot die Kräfte des Himmels und der Erde enthält?

Was uns im Brot nährt, ist der Geist, das ewige Leben, hat ein tiefer Mensch, ein Mystiker, einmal gesagt. Man könnte von einem Stück Brot leben, wenn man darin den Geist des Lebens spüren könnte.

Es gab und gibt Menschen, die dies bezeugen. Ich denke da z.B. an den heiligen Bruder Klaus, er war ein Einsiedler und Mystiker, der zwanzig Jahre lang von der täglichen Hostie gelebt hat.

Ich möchte dich also auf das Wunder des Brotes aufmerksam machen. Du wirst es noch viel intensiver erfahren, wenn du dir Zeit nimmst, das Brot selber zu backen. Erscheint dir der Aufwand zu groß zu sein, kannst du mit einer Brotback-Maschine beginnen. Schon dann wird der Geschmack, der dich am Morgen beim Aufstehen begrüßt, dir Kraft und Lebensfreude schenken! In ländlichen Gegenden nennen Menschen das geweihte Brot „Heiland". Wenn Christen beten „Unser tägliches Brot gib uns heute", so bedeutet das auch: Unser Heil gib uns heute. Mit dem Heil ist die Freude verbunden! Der heile Mensch freut sich über sein Dasein! Und Christen essen ja das geweihte Brot.

Wir können selber etwas zur Heilwerdung der Menschen beitragen, wenn wir einander einladen und das selber gebackene Brot teilen oder verschenken. Wir verschenken damit nämlich das, was wir selber im tiefsten Herzen wünschen: Zeit. Ein spiritueller Mensch würde dazu sagen: Wer dieses Brot verschenkt, der heiligt die Zeit und damit die Menschen, die es empfangen.

Es gibt nichts Einfacheres, als Brot mit der Brotback-maschine zu backen. Du brauchst dazu eigentlich nur: Mehl, Trockenhefe, Zucker, Salz, Butter und Wasser! (Die genauen Angaben, das Vorgehen stehen im Begleit-Buch.) Dann kannst du auch andere Rezepte probieren.

Noch besser ist es, das Brot ganz selber zu backen. Wenn du dann erlebst, wie es aufgeht, spürst du förmlich eine Himmelskraft, die das Brot berührt, die auch dich ins Weite führen will, die dich im Dasein erhält. Wir sprechen oder beten über das „alltägliche Brot". Damit aber ist letztlich gemeint, dass Gott uns durch das alltägliche Brot berührt. Er ist nicht fern, er ist ganz nah. Er ist das, was uns erhält. Was kann der Mensch mit seiner Zeit Sinnvolleres tun, als ein Brot zu backen und es zu teilen oder es zu verschenken? Vermutlich würden Menschen auch mehr teilen, weil ihnen dadurch bewusst würde, dass anderen Menschen das tägliche Brot fehlt. Ich bin überzeugt, dass in unserer Wohlstandsgesellschaft nicht mehr 30-50 Prozent der Lebensmittel im Abfall landen würden, wenn Menschen mehr für sie zahlen müssten oder wenn sie das Brot selber backen würden. Denn durch die eigenhändige Herstellung schaffen wir eine Beziehung zum Produkt. Wir schätzen und begreifen den Wert so viel stärker.

Weil Glück und Gelassenheit etwas mit dem ganzen Menschen zu tun haben, empfehle ich, sich von Zeit zu Zeit ein gutes Kochbuch zu kaufen. Nehmen wir uns immer wieder die Zeit, ein feines Essen zu organisieren. Wichtig dabei ist aber ebenso die freudige Zubereitung, das Zelebrieren der Mahlzeiten, das bewusste Essen. Wer nämlich etwas bewusst tut, der tut es ganz, d.h. als ganzer Mensch, der ist innerlich und äußerlich bei der Sache. Bewusstwerdung hat immer etwas mit Heilwerdung zu tun.

Aber sicher dürfen wir uns auch über eine Einladung freuen:

 Lassen wir uns lieben, indem wir das Leben genießen.

Es gibt keine bessere Art, das Leben zu genießen, als zu lieben. Der Mensch kann nur so viel lieben, wie er das Leben genießen kann, wie er sich freuen kann.

Das ist gleichsam ein „ökonomisches Gesetz": Wahre Liebe kann nur aus Freiheit und Freude entstehen. Deshalb setzt sie wahre Freude voraus.

Trübe Stunden gibt es noch genug. Machen wir das Beste aus unserem Leben, indem wir mit unserer Zeit und mit den Gaben, die uns zur Verfügung stehen, optimal umgehen. Man kann nie genug betonen, wie die natürlichen Dinge heilen. Seelische Verstimmungen lösen sich durch sie auf.

Wir haben heute ein großartiges Angebot in den Verkaufsläden. Es gibt bei uns fast alles. Doch genießen wir diesen paradiesischen Zustand überhaupt noch, ober haben wir uns schon daran gewöhnt? Es kann uns noch so gutgehen, wir schütteln immer den Kopf. Ist das noch normal?

Heute können Neurobiologen bereits mit Tests nachweisen, was wir alle erfahren können, nämlich dass wir uns schnell an bestimmte Produkte oder Substanzen gewöhnen. Eine wertvolle und schmackhafte Speise, die wir Menschen uns früher nur bei besonderen Gelegenheiten leisten konnten oder gegönnt haben, verliert schon bald den Reiz und „kitzelt den Gaumen" (wie man so sagt) bald nicht mehr. Auch hier: Um das Leben zu genießen, brauchen wir nicht unbedingt ein großes Vermögen oder ein hohes Einkommen.

Mehr Lebensfreude finde ich dort, wo ich bewusst auswähle und einkaufe. Ich sehe z.B. die Früchte für das, was sie sind: Geschenke Gottes, Zeichen der Liebe und der Freundschaft! Ich freue mich auf Begegnungen mit den Gaben Gottes, mit den Zeichen der Liebe, die ich in den vielen Farben, in den Menschen, Blumen, in allen Geschöpfen sehe.

Dankbar wähle ich aus, was mich anspricht. Dankbar esse ich später die Gaben der Natur und des Schöpfers. Mit jeder gefüllten Gabel werde ich geliebt!

 ### *Fang an, dein Leben zu genießen!*

In unserem Leben essen wir (durchschnittlich) während 3 ½ Jahren. Diese Zeit sollten wir nutzen, um möglichst viel davon zu haben. Das ist nicht im Sinne einer Quantität, sondern einer Qualität gemeint. Bewusstes Essen steigert die Lebensfreunde! Bei der genannten Zahl wird ja aber auch ersichtlich, wie wichtig die Pausen sind. Gerade weil eine Mahlzeit das Leben unterbricht, lockert sie auch das innere Wesen auf. Bewusst essen heißt eben gerade nicht zu viel essen! Wer bewusst isst, wer sich Zeit für die Mahlzeit nimmt, der merkt, wann er satt ist. Kreativität beim Kochen und beim Auftragen der Mahlzeiten können spielerisch gestaltet werden. So wird die Mahlzeit zu einem Kulturgut. Wer so isst, der stopft nicht nur Lebensmittel in sich hinein, der nimmt sich Zeit, das Essen zu genießen; und wenn er in einer Partnerschaft lebt, wird ein Gespräch das gemeinsame Essen bereichern. Der Wert des gemeinschaftlichen Essens darf nicht unterschätzt werden! Wie viele Alleinstehende sehnen sich danach, nicht alleine zu essen. Es wundert nicht, dass eine Mahlgemeinschaft der zentrale Kern der christlichen Zusammenkünfte bildet. Viele Sorgen der Kinder, die aus der Schule kommen, können bei Tisch relativiert werden, wenn das Kind sich aussprechen kann, wenn eine Person da ist, die zuhört. Leider geht das Geldverdienen oft vor. Das Kind findet eine Fertigpizza im Ofen und muss mit seinen Sorgen allein zurechtkommen.

Weil das vorliegende Buch aber kein Kochbuch ist, enthält es auch Übungen, die gleichsam den „inneren Menschen sättigen". Es stellt dir bewährte Rezepte vor, die dein Leben schmackhaft machen, die dir Freude schenken. Oder um es plakativer zu sagen: Auch die Seele braucht Nahrung. Wenn die Seele verkümmert, dann wird der Mensch niemals Glück und Freude finden.

Geht es in diesem Kapitel darum, dass wir das Leben genießen sollen und dürfen, dann meine ich keineswegs, dass dieser Genuss auf Kosten anderer gehen darf. Das würde uns in der Tiefe unseres Wesens belasten und damit unglücklich machen. Da hänge ich jetzt keinen moralischen Appell an, sondern da geht es um einen wesentlichen Teil, der unser Glück und unsere Lebensfreude ausmacht. Wir Menschen sind soziale Wesen. Nicht umsonst haben wir im Volksmund den Spruch: „Geteiltes Glück ist doppeltes Glück". Schaden wir anderen Menschen, dann schaden wir uns selbst.

Glücksforscher sind sich auch und gerade in diesem Punkt einig:

Wenn Menschen teilen, wenn sie einander Geschenke machen, dann erfahren sie noch viel mehr Glück. Wenn wir etwas hergeben, erfahren wir die Freude des Beschenkten. Wir lassen los, was zeigt, dass wir dem Leben vertrauen. Ja, wir üben so das Vertrauen ins Leben ein.

Und da bin ich bei einem entscheidenden Stichwort angekommen: loslassen.

Im Wort „Gelassenheit" ist es eigentlich schon versteckt. Wirklich reich ist, wer zufrieden ist. Um Zufriedenheit erfahren zu können, brauchen wir wieder eine Besinnung auf die einfachen Dinge des Lebens! Immer wenn ich einen Menschen in einem teuren Wagen sehe, oder mit einem anderen Prestige-Objekt, kommt mir die psychologische Erkenntnis in den Sinn: Je mehr wir haben, desto mehr definieren wir uns über das Haben. Es kommt mir dann so vor, als würde der Mensch sich künstlich mit dem großen Wagen vergrößern wollen. Er bläht sich auf. Vielleicht gerade deswegen, weil er seine Defizite spürt und diese überspielen möchte. Selbstverständlich gibt es Ausnahmen…

Wie vielen Menschen ist es schon passiert: Sie bewahren den Schmuck für besondere Gelegenheiten auf. Dann kommt der Einbrecher und stiehlt ihn. Man schonte ein schönes Kleidungsstück. Dann kommt es aus der Mode oder es passt nicht mehr. Leben wir glücklich mit dem, was wir haben. Wenn wir tragen, was uns gefällt, dann erscheinen wir in den Augen der anderen Menschen als echt und sie sind gern in unserer Nähe. Wir senden immerfort Signale aus. Andere Menschen spüren, ob es uns gutgeht oder nicht. Und wir selber entscheiden, wie wir uns fühlen!

Wenn du hast, was du brauchst,
kannst du glücklich leben.
Wenn du immer mehr willst,
dann wirst du das Glück nie finden.

Während ich das schreibe, kommt die Mitteilung, dass in unserem Land der Rekord-Jackpot geknackt worden ist. Eine Person soll über 48 Millionen (Franken) gewonnen haben. Ich überlege mir, was ich mit dem Geld tun würde. Sicher, ich könnte auch viel Gutes tun. Aber für mein eigenes Leben würde dieses Vermögen keine besondere Rolle spielen. Denn ich möchte meinen spirituellen Weg (weiter-)

gehen. Das Vermögen würde mich nur belasten. Luxus würde mich von meinem Pfad ablenken.

Für ein reiches und erfülltes Leben brauchen wir also kein riesiges Vermögen. Im Gegenteil: Wir stehen in der Gefahr, durch den Wohlstand das wahre Leben zu verpassen. Dieses ist dort zu finden, wo Menschen Zeit füreinander haben, wo sie sich gegenseitig stützen, zusammen essen und lachen, das Leben deuten und feiern. Sie finden die Geborgenheit, die sie in glücklichen Stunden erfahren haben. Eine weitere aktuelle Meldung berichtet darüber, dass über zweihunderttausend Menschen mehr als 30 Millionen Franken besitzen. Ich persönlich könnte mit diesem Vermögen nicht mehr ruhig schlafen, ich müsste an die vielen hungernden Kinder denken...

Rufen wir uns immer wieder die Weisheit in Erinnerung: Nichts verhindert den Genuss so sehr wie der Überfluss. Dagegen findet derjenige Glück, der dankbar bewusst schätzt, was er hat.

Glücklich lebt, wer weiß, was er für ein gutes Leben braucht, und wer merkt, dass er dafür gar nicht so viel benötigt. Auch eine realistische Wahrnehmung der Wirklichkeit zähle ich dazu: Wenn ich weiß, dass ein Wunsch unter keinen Umständen in Erfüllung gehen kann, lasse ich ihn los und gönne mir das, was ich mir leisten kann.

Rufen wir uns auch immer wieder die andere psychologische Einsicht in Erinnerung: Nur was wir annehmen, können wir verwandeln. Bejahen wir unsere Situation, dann werden wir Wege finden, sie zu verbessern. Bejahen wir uns selbst, dann werden andere uns bejahen und lieben. Gerade in den Weisheiten der Märchen geht es um Verwandlungen.

Ich schließe dieses Kapitel deshalb mit einem Hinweis auf ein Märchen ab, das – wie die meisten Märchen – eine tiefe

Wahrheit enthält: „Hans im Glück" wird es genannt. Hans ist glücklich, obwohl er am Ende nichts mehr hat. Er ist befreit von aller Last. Wie aktuell ist dies Aussage doch: Heute herrscht eine Reizüberflutung.

4.
Gelassen den ersten
Schritt wagen!

„Es öffnet sich im Innern eine Tür,
aber von der anderen Seite."[17]

„Ich lebte Tür an Tür mit Alice…" Wir kennen alle den Song und das Gefühl, nahe bei einem Menschen (gewesen) zu sein, den wir gerne besser kennengelernt hätten. Wir haben die Chance verpasst. Eine kleine Geste, ein Lächeln hätte vielleicht schon genügt. Warum haben wir dem anderen Menschen nie in die Augen gesehen? Wer erwartet, dass ihm die Tür geöffnet wird, muss selber die Tür seines inneren Wesens öffnen. Unsere Mitwelt reagiert auf unsere Ausstrahlung. Wenn wir füreinander keine Zeit mehr haben, dann ist unsere Zeit letztlich wertlos. Sind doch die Beziehungen das Salz des menschlichen Daseins!

Ohne sie sind wir in unserer Welt gefangen. Wir lassen die Gefangenschaft zu. Nur Mitleid, Mitgefühl, das wir selber aufbringen, lösen unsere Fesseln. Wir können uns selber befreien, wenn wir Mitgefühl entwickeln. Durch das Mitgefühl sehen wir tiefer, verstehen wir mehr. Es gibt keine wahre Liebe ohne Verständnis, weil Liebe immer verstehen will. Wer liebt, steht innerlich an der Stelle des Geliebten. Er versucht, den anderen Menschen ganz zu verstehen. Ohne ehrliches Verständnis ist wahre Liebe nicht möglich.

Das ist eine universale Botschaft, eine kosmische Weisheit, die Buddha und Christus gelehrt haben. Es ist das Lächeln, das sich uns auf Buddhas Gesicht zeigt, es ist die Botschaft der Liebe, die Christus verkündet: der Segen Gottes, der sich auf alle Menschen verteilt, der durch das reine Herz und das Lächeln zu ihm zurückkehrt.

 *Wenn du einem Menschen ein Lächeln auf sein Gesicht gezaubert hast, hast du eine Welt verändert. Wenn du – aus reinem Herzen – einen Menschen segnest, berührst du Gott.*

Ein Lächeln kann Türen öffnen! Unzählige Menschen haben dies erfahren. Es ist der Beginn einer Freundschaft, vielleicht sogar einer großen Liebe!

Im „Brief an einen Ausgelieferten" hat der berühmt Autor Antoine de Saint-Exupéry von seiner Erfahrung in Not und Gefahr berichtet:

„Die Sorge für einen Kranken,
die Aufnahme eines Geächteten,
selbst die Verzeihung
haben ihren Wert nur AUFGRUND des Lächelns,
das die Feier erhöht."[18]

Mit jedem Lächeln programmierst du dein Hirn auf Freude. Und Freude macht glücklich.

Was du mit einem Lächeln tust, das bringt der Welt und den Menschen Heil und Segen. Denn es kommt aus dem Herzen. Dieses Lächeln ist verwandt mit dem Staunen, das dir Freude schenkt, weil du dich für das Leben interessierst. Ich wage, diese Fähigkeit das „göttliche Licht in uns" zu nennen. Sie verbindet uns mit der Welt und mit Gott.

Ich lernte und lerne die Namen von Blumen, Tieren, Steinen, Menschen, weil ich damit die Beziehung zur Mitwelt vertiefen kann. Das ist keine Zeitverschwendung, im Gegenteil: Gerade so übe ich das bewusste Leben ein! Ich halte dadurch inne und nehme Kontakt auf mit der Mitwelt. Je mehr ich mich interessiere, desto interessanter bin ich für andere Menschen. Ich werde geliebt und erfahre so Freude und Liebe! Dieses Interesse ist letztlich mit einer Investition verbunden. Ich wirke aber nicht anziehend auf die Menschen durch Klugheit und viel Wissen, das ich anderen unter die Nase reibe. Das kann Menschen abschrecken, das kann in ihnen Ängste auslösen. Ich lerne viel mehr, wenn ich mir Zeit für Beziehungen nehme. Wir lernen und profitieren immer voneinander.

Mir ist aufgefallen, dass Menschen mit heiterer Gelassenheit leben, wenn sie „ja" zu einer Anfrage, zu einer Aufgabe sagen, die an sie herangetragen werden. Menschen, die sich bei einer anstehenden Aufgabe oder Arbeit immer zuerst überlegen: „Was bringt es mir?", „Lohnt es sich?", stehen irgendwann „auf dem Abstellgleis", werden nicht mehr gebraucht. Die Mitwelt spiegelt uns immer unser Verhalten. Das ist eine ganz natürliche Reaktion. Die anderen Menschen denken: „Den brauchen wir ja gar nicht erst zu fragen, ob er eine Aufgabe übernimmt." Wer sich bereit erklärt, der Gemeinschaft zu dienen, der öffnet sich Türen.

Damit meine ich nicht, dass wir uns nicht abgrenzen dürfen, wenn wir ausgenutzt werden. Gerade im Gebet, im Hören auf unser Herz und auf unser Gefühl, im Einholen der Meinung eines Freundes werden wir spüren, ob eine Aufgabe zu unserer Lebenssituation passt oder nicht. Wir werden immer von der geistigen Führung Antwort bekommen!

In meinem schon erwähnten Buch „Lebenskraft im beruflichen Alltag" und in anderen Büchern habe ich Methoden aufgezeigt, wie man sich richtig entscheidet.[19] Wer spirituell lebt, wird erkennen, wenn er sich selbst überfordert. Er wird den Mut aufbringen, in der entsprechenden Situation „nein" zu sagen, weil er spürt, dass das „Ja" nur seinem Ego schmeichelt. Oder weil er spürt, dass er fürchtet, mit dem „Nein" nicht mehr so beliebt bei den Menschen zu sein.

Dieses „Nein" nenne ich ein gesundes Nein. Es öffnet die Tür zur Demut und zur Bescheidenheit.

Wer sich die Namen von Menschen merkt, wer die Menschen mit ihrem Namen anspricht, der findet schneller Zugang zu ihnen. Diese Menschen fühlen sich dann persönlich angesprochen, innerlich berührt. Viele Eltern wählen für ihr Kind intuitiv, in manchen Fällen vielleicht bewusst einen Namen, der ein „Ja" (zum Leben) enthält. Wann immer das Kind so gerufen wird, schwingt dieses „Ja" mit. Aber auch wenn du als Vater oder Mutter für dein Kind einen anderen Namen ausgesucht hast, findest du mit etwas Fantasie Möglichkeiten, dem Kind Lebensbejahung zu vermitteln.

Letztlich ist es diese Lebensbejahung, die uns ein Leben mit heiterer Gelassenheit schenkt. Und die eben angesprochene Fantasie ist es, die dir zeigt, dass du noch viel mehr Glück erfahren kannst, als du dir vorstellen kannst. Sie hilft dir nämlich, deine Träume mindestens bis zu einem gewissen Grad umzusetzen. Übrigens berichtet die Bibel darüber, dass selbst Gott seinen Namen schützen ließ! Wer den Namen nicht achtet, verachtet den Träger desselben. So ist es wichtig, dass du dich mit deinem Namen befreundest. Sollte das gar nicht möglich sein, weil du zu sehr verletzt worden bist, ändere ihn.

Vielleicht schreibe ich hier etwas, das nicht so ganz in das rationale Bewusstsein der Gegenwart passt, aber eine Erfahrung von sehr vielen Menschen war und wieder wird, wie man sehen kann: Mit dem Denken und Aussprechen eines Namens rufen wir dieses Wesen herbei. Nicht nur in Gedanken, denn auch die sogenannten „Toten" sind ja immer noch da. So glauben Millionen, dass die genannten Namen die ewigen Wesen der spirituellen Meister herbeirufen, die heute noch zum Heil der Menschheit wirken.

Merken wir uns die Namen der Menschen, mit denen wir zu tun haben. Eine „Eselsleiter" hilft dabei, indem man sich ein besonderes Merkmal der jeweiligen Person merkt, z.B. die Brille, die Haarfarbe. Noch besser: Überlegen wir uns von Zeit zu Zeit, welche Qualitäten der Träger dieses Namens hat, indem wir dies aus den einzelnen Buchstaben entwickeln.

Ist es nicht so, dass wir uns aufgewertet fühlen, wenn man uns mit unserem Namen anspricht? Und warum ist das so? Weil wir ein Interesse spüren. Wir fühlen uns als Person, nicht als Objekt.

Namen öffnen uns also Türen. Denn sie zeigen, dass wir einander kennen und schätzen. Ordensleute ändern ihren Namen, wenn sie ihr Gelübde ablegen. Sie eifern einem Vorbild nach. Oft nehmen sie den Namen eines spirituellen Meisters an. Oder sie bezeichnen sich als „Franzikaner" oder „Christen".

Der Autor Hein Stufkens schreibt über Franz von Assisi:

„Franziskus stand für die höchsten Qualitäten, nach denen ein Mensch nur streben kann. Es sind ewige, in ihrer Kraft und Wirkung unzerstörbare Wahrheiten. Sie waren da, lange bevor er auf die Welt kam, und sie werden ihre Gültigkeit während unserer gesamten Entwicklung behalten. Sie sind das Ziel eines jeden Menschenlebens."[20]

Was der Autor über Franz von Assisi schreibt, könnte er auch über Jesus, Buddha und andere spirituelle Lehrer schreiben, deren Weisheiten ich dir mit diesem Buch ans Herz lege. Sie schenken uns wirklich heitere Gelassenheit!

Ich bleibe noch kurz beim erwähnten Autor und damit bei Franziskus. Zu Beginn seiner Schrift über den Heiligen lesen wir zusammengefasst den siebenfachen Pfad, den ich hier in Dankbarkeit empfehle:

1. Ich verneige mich in Liebe und Dankbarkeit vor dem Mysterium und öffne mein Herz voll Mitgefühl für alles, was lebt und leidet.
2. Ich sehe in allen Geschöpfen meine Brüder und Schwestern und trage sie, wie ich selbst getragen werden möchte.
3. In der Hingabe finde ich Frieden und ungewappnet gehe ich meinen Weg. Freund und Feind wünsche ich Frieden.
4. Nichts und niemanden mache ich mir zu eigen. Ich lebe einfach und alles wird mir geschenkt.
5. Ich bin eines jeden Diener, doch niemandes Sklave. So folge ich meiner Berufung.
6. Mein Umgang mit den Menschen ist ohne Eigennutz. In jedem grüße ich das Licht.
7. In Freude lebe ich dieses Leben, mit einem Lächeln um die Lippen.[21]

Wenn ich schreibe „öffne dir Türen", dann meine ich damit: Öffne dein Herz! Denn wenn du dein Herz öffnest, gehen viele Türen von alleine auf! Es ist ein Lebensgesetz: Was wir mit den Augen des Herzens sehen, das verwandelt sich in Schönheit. Was wir lieben, das erlösen wir. Und die Liebe kommt tausendfach auf uns zurück.

Wenn Menschen heute heiraten, dann wagen sie den Schritt, den anderen Menschen ganz zu lieben. Mindestens am Anfang wollen sie, dass diese Liebe andauert. Kann man sich versprechen, das ganze Leben treu zu bleiben? Diese Frage taucht heute immer wieder auf. Fragen wir uns: Was wäre die Alternative? Wenn nicht für ein ganzes Leben, dann für ein halbes? Oder gar nur für ein paar Jahre? Was meinen Menschen, wenn die Türen der Herzen füreinander offen sind?

Sie spüren:

„Ich lasse mich darauf ein, dich *ganz* zu lieben. Du bist nicht nur eine Phase für mich, du bist nicht nur in meiner Liebe, wenn es uns gutgeht, wenn ich von dir profitiere. Nein, ich liebe dich so, wie du bist, mit deinen starken und schwachen Seiten. Ich versuche dich zu lieben, auch wenn es Spannungen gibt in unserer Beziehung."

Immer wieder sagen Menschen in der Kirche oder auf dem Standesamt so „Ja" zueinander. Warum? Weil sie spüren: Die wahre Liebe hat etwas mit dem Wesen zu tun, das uns das Leben geschenkt hat und schenkt. Die wahre Liebe hat eine göttliche Dimension. Die wahre Liebe beinhaltet so viel: Angefangen von der Sexualität über die Zärtlichkeit, dann aber die Verlässlichkeit, die Ausdauer, die Hingabe, das Mitgefühl bis hin zur Opferbereitschaft. Vielleicht erschreckt dich dieses Wort! Es ist ein Wort, das heute viele nicht gerne hören. Der Mensch will das Leben genießen, er will keine Opfer bringen. In einem Buch, in dem es um heitere Gelassenheit geht, scheint das Wort „Opfer" am falschen Ort, scheint es unangebracht zu sein. Was ich aber hier aufzeigen möchte, ist eine Erfahrung von zahlreichen Menschen, dass „Opfer" (oder um ein anderes Wort zu gebrauchen: „Hingabe") erst wahre Liebe ermöglicht. Denn wenn wir einander wirklich lieben, dann geht es nicht ohne Hingabe. Alles andere wäre ein Missbrauch. Wir würden den anderen Menschen zur Ware degradieren. Aber der andere Mensch ist kein Produkt, über das wir nach eigenem Ermessen verfügen können. Er ist nicht die Verlängerung meines Wesens. Ohne Hingabe erfahre ich sein Wesen nicht oder nur unvollständig.

Die Tür zum anderen Menschen öffnet sich, wenn du zuvor die Tür zu deinem Selbst geöffnet hast, indem du lernst, dich ehrlich zu erkennen, indem du die Bedürfnisse des anderen Menschen achtest.

Dag Hammarskjöld hat deshalb festgehalten:

„Ja sagen zum Leben heißt
auch ja sagen zu sich selbst."[22]

Hier ist die Spannung zwischen Nähe und Distanz, die man finden muss. Der große Psychoanalytiker Erich Fromm hat in seinem Buch über die „Kunst des Liebens"[23] geschrieben, dass es keine erfüllte Liebe zu einem anderen Menschen gibt ohne wahre Demut, ohne Mut und Glauben.

„Reife Liebe folgt dem Prinzip:
‚Ich werde geliebt, weil ich liebe.'
Unreife Liebe sagt:
‚Ich liebe dich, weil ich dich brauche.'
Reife Liebe sagt:
‚Ich brauche dich, weil ich dich liebe.'"[24]

Diese Erkenntnis entspricht dem Leben und wird von den Erfahrungen vieler Menschen bestätigt. Es ist interessant zu sehen, wie heute moderne Psychologen und Pädagogen wieder betonen, dass ein Mensch ohne Glauben mit einer inneren Leere leben muss. Ohne Glauben schwebt oder schwimmt der Mensch in einem Vakuum aus Beliebigkeit und Fatalismus. Warum ist das so? Weil der glaubende Mensch durch sein Bekenntnis einen festen Halt hat, der ihn gut leben und handeln lässt. Zudem verhilft er ihm zur Selbsterkenntnis, die eine Bedingung für den inneren Frieden ist.

Christen glauben, dass Gott in sich Beziehung ist und Menschen nur in Beziehungen das erfüllte Leben finden. Dieser Gott ist gütig und verzeiht. Er kann uns Schuldgefühle nehmen, wenn wir schuldig geworden sind. Jeder gesunde Mensch erfährt Schuld als Belastung. Wenn ich schuldig geworden bin, bitte ich die geistige Führung, sie möge beim anderen Menschen einen Ausgleich schaffen. Ich bitte den Menschen um Verzeihung. Und ich begreife die Erfahrung als Lektion auf dem Weg zur Persönlichkeit. Ich lerne aus dem Fehler.

Darüber hinaus ist es eine menschliche Erfahrung, dass verschenkte Liebe glücklich macht. Je mehr Freude ich säe, desto mehr Freude werde ich ernten. (Keine Regel ohne Ausnahme: In einer Wohlstandsgesellschaft gibt es Menschen, die sich daran gewöhnt haben, die Hand hinzuhalten und zu empfangen, ohne etwas dafür zu geben. Hier ist eine Unterscheidung nötig.)

Warum entscheiden sich Menschen heute noch für eine verbindliche Liebe? Warum heiraten Menschen heute noch in einer Kirche? Warum nennen sie sich „Christen"? Weil sie sich mit dem ganzen Wesen auf die Liebe einlassen wollen oder können. Weil sie im Herzen spüren, dass letztlich allein diese Liebe zählt. Die echte und reife Liebe erlöst uns. Sie schenkt uns Erfüllung und Glück. Christen glauben, dass sich in Jesus Gott offenbart hat. Dadurch konnte er sich uns so zeigen, dass wir Menschen ihn ganz klar verstehen: Er ist Gott, der unsere Sprache spricht, der uns durch sein Handeln den richtigen Weg weist, der ganz real mit uns geht. Er ist die personifizierte Liebe, die uns die wahre Erfüllung und das wahre Glück schenkt. Er ist es, der die Beziehung trägt und sie leben lässt.

Und diese Erfüllung und dieses Glück wünschen wir einander von Herzen, wenn es uns gutgeht, wenn wir uns selber etwas gönnen, wenn wir mit heiterer Gelassenheit leben!

Reife oder wahre Liebe zeigt sich also gerade in der Hingabe. Sie heilt und erlöst gleichzeitig.

Wenn Menschen diese Liebe in einer Kirche feiern und deuten, dann spüren sie: Kein Mensch findet wahres Glück und tiefe Freude, wenn er sich nicht einer spirituellen Dimension öffnen kann. Viele werden mir widersprechen und behaupten: „Ich brauche keine Spiritualität". Doch sie werden das wahre Glück nicht ohne sie finden können. Denn der Mensch ist ein geistiges Wesen. Dieses sucht nach einer Verbindung zum Ganzen, egal, wie man dieses nennt. Und ebenso viele kommen zum Schluss, dass Menschen dieses in allen Zeiten mit „Gott" umschrieben haben.

Wer schon jemals sich nur ein wenig mit seriöser Naturwissenschaft beschäftigt hat, wer mit offenen Augen durch die Natur gegangen ist oder geht, der kann sich die Welt ohne Sinn und ohne ein uns „übergeordnetes Wesen" nicht vorstellen. Denn nur „geistig amputierte Menschen, die in einer von der natürlichen Mitwelt losgelösten Mitwelt leben", die dem Irrtum einer einseitigen materialistischen Weltdeutung folgen, bilden sich ein, eine Welt, entstanden durch Zufälle, ohne geistige Wirklichkeit und Führung wäre möglich. Sie erklären sich die Welt durch ihre beschränkte und manipulierte Sicht. Oder sie verdrängen vieles... Sie meinen, ohne Gott müssten sie sich nicht mehr um ihr Gewissen kümmern.

In der christlich-religiösen Liturgie, die immer von einer ganzheitlichen Sicht und von einem umfassenden Welt- und Menschenbild ausgeht, gibt es einen Teil, der die Aussage vor das geistige Auge hält, dass Christus, der Sohn Gottes, den Menschen „die Tür (oder das Tor) zu Gott geöffnet hat".

Dieser „Sohn", der sich auch „Menschensohn" genannt hat, wollte wohl mit dieser Bezeichnung sagen, dass wir dann wirkliche Menschen sind, wenn wir uns als „Söhne" oder „Töchter" erkennen, die durch eine Tür der ganzen Wahrnehmung der Wirklichkeit gehen. Was bedeutet in diesem Zusammenhang die „Tür"? Gemeint ist die Tür zu einer heiteren Gelassenheit, zu einem Zustand oder einer Befindlichkeit, die „den Himmel auf Erden" erscheinen lässt. Den ganzen Himmel werden wir nie auf Erden haben, aber das Leben im Himmel beginnt hier oder nirgendwo. Wenn es uns nicht gelingt, im Hier und Jetzt mit heiterer Gelassenheit zu leben, dann wird es uns nie gelingen!

Die letzte Tür, die wir öffnen können, wird geöffnet, wenn wir sie öffnen lassen, wenn wir zulassen, dass ein höheres Wesen sie öffnet. Das haben Millionen Menschen in allen Zeiten und Kulturen erfahren und bestätigt. Wir können das heute verdrängen, aber wir ändern nichts an der Wahrheit.

Und dieses Wesen lässt uns die Türe öffnen. Es ist vom Wunsch beseelt, dass wir uns diese Türe zum vollkommenen Glück und zur vollkommenen Freude öffnen. Ja, dieses Wesen ist die offene Tür, wodurch Menschen in dieses Glück und in diese Freude schreiten! In unserer Tradition wird es, wie eben angesprochen, Christus genannt. Jeder Mensch ist in der Tiefe seines Wesens mit diesem Wesen verbunden, ob er darum weiß oder nicht. Doch wenn er die Begegnung mit diesem „inneren Meister" zulässt, indem er sich meditierend und hingebungsvoll handelnd mit ihm verbindet, findet er den inneren Frieden, was man auch „wahres Glück" nennen kann.

Ein älterer und weiser Mensch hat einmal gesagt: „Immer wenn sich eine Tür schließt, geht eine andere auf." Dies ist keine Theorie, sondern eine Erfahrung. Aber um diese zu machen, braucht der Mensch Vertrauen und Offenheit.

Aber auch schon mit jedem Gebet öffnen wir eine Türe zur geistig-göttlichen Welt. Wir können die Begleit-Engel bitten, dass sie uns füreinander öffnen. Die Aussage zu Beginn dieses Kapitels „Es öffnet sich im Innern eine Tür…" stammt aus dem Buch „Das Gebet der Sammlung", auf das ich noch zurückkommen werde.

Wer dieses Gebet pflegt, wer die Beziehung zum Wesen der Liebe täglich vertieft, der wird im „Sein" wiedergeboren. Man entdeckt ein Bewusstsein, das eigentlich schon immer da war, das man nur nicht wahrgenommen hat. Der Autor beschreibt die Erfahrung, die man durch diese Meditation erlangt, mit eindrücklichen Worten:

„Diese Gegenwart ist unendlich
und doch so unaufdringlich;
sie ist ehrfurchtsgebietend und doch gütig;
grenzenlos, aber dennoch so zart-innig und persönlich…
Diese Gegenwart wirkt allein durch ihr Dasein heilend,
stärkend und erfrischend.
Sie misst nicht nach Verdienst,
verströmt sich in unendlichem Mitleid,
ohne Gegenleistung zu erwarten.
Es ist, als kehre man heim an einen Ort,
den man nie hätte verlassen sollen…"[25]

Wer so betet, vertraut, dass er sich am richtigen Ort, in der richtigen Zeit befindet, er ist offen und wachsam für das, was um ihn und mit ihm geschieht. Er ist zufrieden.

5.
Gelassen leben –
Leben genießen!

Ich persönlich fand unter den glücklichsten Menschen, die Gelassenheit ausgestrahlt haben, Handwerker, die mit ihren Fähigkeiten ehrliches Geld verdient haben, um damit ihre Familien zu ernähren. Sie waren und sind glücklich, weil sie arbeiten, um davon leben zu können. Sie können und konnten mit ihren Händen Menschen dienen. Eine gesunde Müdigkeit bewahrt(e) sie davor, sich mit Drogen zu betäuben. Sie begegnen Menschen. Durch die Arbeit sind sie ausgefüllt. Bei ihrer Tätigkeit waren und sind sie wach, leben sie im gegenwärtigen Augenblick. Genau diese Wachsamkeit erkennen wir beim betenden Menschen. Wir sehen sie dort, wo Menschen bei dem sind, was sie gerade tun: Der russische Mönch, der eine Ikone malt, betet dabei. Jede einfache Tätigkeit gewinnt an Wert, wenn sie bejaht wird. Indem wir etwas gerne tun, steigern wir unser Wohlbefinden, sammeln wir Glücksgefühle, programmieren wir unsere Seele für ein Wohlbefinden. Wenn man schaut, was die meisten Menschen in den reichen Nationen in ihrer Freizeit tun, dann muss man feststellen: Sie lassen sich unterhalten. Sie sind nicht ganz wach, sind nur scheinbar dabei. Dieses passive

Verhalten bietet zwar Unterhaltung und Ablenkung, aber hier ist das wahre Glück nicht zu finden. Denn der Mensch, so das Fazit der Glücksforscher, findet tatsächlich in der Aktivität ein größeres Glück. Dazu gehört: ein Ziel haben und Wünsche haben. Wer alles hat, erwartet nichts mehr. Wer nichts mehr erwartet, der stirbt innerlich ab.

Moderne Glücksforscher sind sich einig:
„Weniger macht glücklich."

In deinem Leben hast du ungefähr 70-80 oder mehr Jahre auf diesem Planeten.
Was machst du in dieser Zeit?
Für was brauchst du diese Zeit?
Ist dir bewusst, dass kein Augenblick zurückkommt?

Du darfst dir selber erlauben, glücklich zu sein!

Wer sein Leben als Geschenk sieht, der kann danken. Dankbarkeit ist wiederum die Grundlage für ein glückliches Leben. Denn Dankbarkeit versetzt den Menschen in ein Gefühl der Freude. Kann es sein, dass wir heute in den Industrienationen deswegen nicht mehr dankbar sind, weil wir im Überfluss leben, weil wir in der Überfülle keinen Sinn mehr haben für die einzelnen Produkte. Wir sind es gewohnt, alles zu bekommen. Wir zahlen es selber und haben somit ein Anrecht darauf. Treffend hat einmal ein Dichter den „Maßlosen" beschrieben. Dieser will alles wirkungsvoller haben. Keine Frau ist ihm mehr schön, kein Mann ihm klug genug. Fahl scheint ihm schließlich auch die Sonne…. Er will mehr und mehr – und wird am Ende verrückt.

Du kannst dein Leben erst wirklich genießen, wenn du es als Geschenk betrachtest!

„Überdies hat der moderne Mensch Schwierigkeiten, das Leben als ein Geschenk zu sehen. Er ist eher geneigt, die Welt und deren Früchte als etwas zu betrachten, worauf er ein Recht hat, etwas, das er nach Herzenslust ausbeuten darf. Er hat ein Recht auf Wohnung, Nahrung, Sex, Kinder, Ausbildung, Gesundheit und Betreuung, Arbeit, Einkommen und Glück... Franziskus lehrt diesem Menschen, dass er aufs Neue lernen muss, sich zu verneigen vor dem unendlich Großen, vor dem Ganzen, das ihn trägt und durchströmt, von dem er alles empfängt, vor der kreativen Intelligenz, die den Kosmos beseelt, vom kleinsten Molekül bis zu den größten Sternenkonstellationen."[26]

Auf der nächsten Seite legt derselbe Autor dieser Sätze ein beeindruckendes Zeugnis ab, wie er einmal in einem Karfreitagsgottesdienst beim Hören der Leidensgeschichte Christi erkannt hat, dass dieser ihm helfen kann, sein Ego zu erlösen und sein Herz für ein grenzenloses Mitgefühl mit dem leidenden Menschen der Gegenwart und aller Zeiten sowie mit dem, was in der Schöpfung leidet, zu öffnen.

Hein Stufkens, der Autor, interpretiert die vollkommene Freude, die Franz von Assisi erfahren und verkündet hat, als die Frucht eines Wesens, das den Egoismus überwunden hat, sich nichts mehr aneignen muss und kein Recht auf was auch immer mehr geltend macht.[27]

Wenn man die Biografie eines Franz von Assisi auf sich wirken lässt, dann spürt man: Hier war einer, der die Botschaft Christi voll und ganz radikal gelebt hat. Aber woraus besteht diese Botschaft? Da wäre das Doppelgebot der Nächstenliebe und der Gottesliebe zu nennen. Zusammengefasst kann man sagen: Es ist ein tugendreiches Leben. In meinem Buch „Wo deine Kraft liegt. Von der Kunst, den eigenen spirituellen Weg zu gehen"[28] habe ich die Tugenden näher beschrieben und bin auf die Zahl 12 gekommen: Ehrfurcht, Ehrlichkeit, Gerechtigkeit, Demut, Stärke, Wachsamkeit, Klugheit, Vertrauen, Dankbarkeit (Freude), Maß, Mut und Liebe. Interessanterweise habe ich dabei noch vor der Lektüre des Buches von Stufkens auf den Heiligen Franz von Assisi hingewiesen. Ich wollte mit der Behandlung der Tugenden aufzeigen, wie sie uns gerade Gelassenheit und Lebensfreude schenken. Denn sie helfen uns, dass wir uns nicht beständig um uns selbst drehen müssen, sondern öffnen können für das Geschenk des Daseins. Moral predigen ist leicht, Moral begründen bekanntlich schwer. Wer keinen spirituellen Weg geht oder gehen will, wer dieses Bedürfnis unterdrückt, der wird die Begründung der Tugenden als „moralisierend" betiteln. Das ist so ein Ausdruck, den man gebraucht, um sich nicht länger damit beschäftigen zu müssen, um es loszuwerden, weil es eine innere Aktivität fordert. Man/frau ist dazu zu bequem. Spirituelle Wege sind nichts für Zauderer, für Schwächlinge oder solche, die gerne schnell aufgeben. Aber wer einen spirituellen Weg geht, muss sich auch nicht dauernd aufopfern. Er darf auch immer wieder genießen, was das Leben ihm schenkt. Alle extremen Haltungen schaden dem Menschen. Menschsein ist eine Kunst. Und diese Kunst bedeutet, das richtige Maß zu finden, die Mitte einzuüben. Leiden muss also das Glück nicht in jedem Fall aufheben. Werfen wir hier einen Blick in die modernen Gesellschaften unseres Jahrhunderts: Ältere Menschen schlucken pro Tag zehn Pillen, während andere den Freitod wählen. Oft sind die Ursachen solcher Verhaltensweisen in einer einseitigen Auffassung des Lebens zu finden. Der menschliche Geist ist in bestimmten Fällen effektiver als Medikamente, die Menschen meinen einnehmen zu müssen. Dazu gibt es unzählige Tests. So kann ein Mensch mit Krebs sterben, stirbt aber nicht am Krebs, was Untersuchungen klar belegen. Unser Denken und Fühlen hat einen direkten Einfluss auf unseren Körper und damit auf sein Wohlbefinden, auf seine Gesundheit. Je mehr wir mit Freude in der Gegenwart leben, desto gesünder sind wir.

 *Genieß den Sonnenstrahl auf deinem Gesicht.*
Jetzt. Atme ihn ein. Beweg ihn im Herzen.
Nimm durch ihn wahr, dass du geliebt wirst.

Unsere Zellen könnten wir mit Samenkörnern vergleichen. Wenn wir sie mit Freude und Schönheit bewässern, bleiben sie gesund. Neurophysiologische Experimente weisen dies nach und bestätigen uralte Weisheiten, die wir in östlichen Lehren finden. Mit jeder Wut, mit jedem Hass, mit jedem Zorn beeinflussen wir unser Bewusstsein, „drücken wir bestimmte Knöpfe“, gewöhnen wir uns daran, dass diese „aufleuchten“. Mit jedem guten Gedanken stärken wir die Fähigkeit, das Positive zu sehen, was die Grundlage für innere Stabilität und damit Gesundheit ist.

Ebenso hat man nachgewiesen, dass Menschen eine Krankheit schneller überwinden, wenn sie sich aussprechen können, wenn sie Menschen haben, die ihnen zuhören. Immer geht es darum, dass wir Methoden finden, die negativen Gedanken und Gefühle loszulassen. Achten wir darauf, dass weder Menschen, die uns feindlich sind, noch unsere Einbildung, die uns schadet, uns belasten oder Macht über uns gewinnen.

Stell dir vor, dass die Sonne für dich scheint? Milliarden Jahre waren nötig, dass du ihre wärmenden Strahlen genießen kannst. Die ganze Welt ist für dich, ist für uns erschaffen worden.

Im Zusammenhang mit Glück und Freude geht es auch darum, dass wir in unserem Leben etwas Beständiges haben sollten. Es gibt eine Legende, wonach ein Europäer mit einem Indianer unterwegs war. Eines Tages wollte der Indianer nicht mehr weitergehen. Er sagte zu seinem Freund: „Ich muss warten, bis meine Seele angekommen ist!" Diese indianische Spiritualität zeigt, wie sich der moderne Mensch selbst verliert, wenn er sich einseitig von den äußeren Eindrücken beherrschen lässt. Viele Menschen sehnen sich nach mehr Lebensqualität. Einige von ihnen wollen diese auf dem äußeren Weg erreichen, indem sie z.B. eine neue Wohnung suchen oder eine andere Arbeitsstelle anstreben. In gewissen Fällen kann dies zu mehr Freude führen. Viel wichtiger aber scheint mir die innere Veränderung zu sein. Wer seine Lebenseinstellung im hier beschriebenen Sinne ändert, der gewinnt immer, ohne sich äußerlich groß verändern zu müssen. Zur positiven Einstellung gehört vor allem: Ich sehe das Gute hier und jetzt. Zur positiven Einstellung gehört mit Sicherheit auch die Pflege einer gesunden Spiritualität: Wenn ich mich durch regelmäßiges Beten der göttlichen Wirklichkeit öffne, dann fühle ich immer stärker die geistige Führung, die mich trägt und begleitet.

Bleibe nach dem Aufwachen einige Minuten still liegen, denke noch nicht an den bevorstehenden Arbeitstag, sondern danke deinem Begleitengel für das, was er dich heute lehren will.

Wie du den Tag gut beginnen kannst:

Ich persönlich stehe jeden Tag so früh auf, dass ich noch mindestens eine halbe Stunde für mich habe, bei mir sein kann. Unmittelbar nach dem Aufwachen rufe ich mir in Erinnerung, dass ich in der Liebe Gottes bin. Dreimal bete ich das Vaterunser. Dann gehe ich meinen Körper durch und bedanke mich für alle Möglichkeiten, die er mir bietet. Ich bedanke mich auch für die Organe und begrüße sie alle. Nachdem ich so im Körper angekommen bin, blicke ich kurz auf den Tag und überlege mir, was mich heute erwartet und wem ich begegne. Ich bitte die Begleitengel dieser Menschen, sie für mich zu öffnen. Ich bitte die guten Engel des Nordens, des Südens, des Westens und des Ostens, mich an diesem Tag zu beschützen. Dann begrüße ich alle Menschen auf den verschiedenen Kontinenten und bitte um Frieden. Wenn immer möglich, gehe ich zehn Minuten nach draußen in die Natur. Ich danke für das Licht der Sonne und die Wärme, die sie uns schenkt. Dann danke ich für das Wasser, für die Luft, die uns leben lassen und für die Erde, die uns trägt. Weiter danke ich den Blumen, die unser Herz erfreuen, und den Pflanzen, die uns als Nahrung dienen. Ich danke für die Tiere und für die Menschen, die mit uns leben. Ich danke den Begleitengeln, die uns führen. Ich danke dem Engel des Tages, der mir neue Erfahrungen schenkt. Dann danke ich dem Engel der Zeit, der mir in dieser Epoche lehrt, was ich nur in dieser Zeit lernen kann. Ich danke den Geistern der Form, der Bewegung und des Zusammenklingens. Dann danke ich den hohen Wesen der Gerechtigkeit, der Liebe und der Weisheit. Und selbstverständlich danke ich dem dreieinen Gott, den wir in unserer Kultur Vater, Sohn und Heiliger Geist nennen. Vielleicht kommen dir diese Gedanken ungewohnt vor, aber wer mit einem ganzheitlichen Welt- und Menschenbild lebt, sich für ein solches öffnen kann, der wird ein tiefes Gefühl der Geborgenheit erfahren. Weitere Übungen habe ich in meinem Buch „Im Einklang mit sich und der Welt leben"[29] entwickelt.

 ### Glück? Jeden Tag aufstehen, sich über etwas freuen!

Sei dir bewusst: Wie oft du an einem Tag Freude empfindest, hängt davon ab, wie wach du bist.

Jedes Auto muss immer wieder aufgetankt werden. Doch der Mensch ist mehr als eine Maschine. Urlaub und freie Tage können nur in ihrer Tiefe ausgekostet werden, wenn der innere Mensch mitspielt. Damit die freie Zeit dem inneren Wesen dient, muss sie bewusst angenommen werden. Vielen gelingt dies, weil der Arbeitsort nicht mit dem Wohnort identisch ist. Wenn du zu Hause arbeitest, solltest du ein Ritual entwickeln, das dir hilft, Abstand von der Arbeit zu gewinnen. Oft genügt es, das Zimmer zu wechseln.

Wenn du dein Leben als Geschenk betrachtest, wirst du glücklich leben! Du nimmst dann dankbar an, was dir das Leben bietet.

Du hast frei, es regnet? Ärgere dich nicht darüber, sondern begreife, was dir dieser Umstand schenken möchte: Leg dich einfach einmal auch am Nachmittag ins Bett und entspann dich! Gönn dir das! Ist das nicht „dein Ding", dann nutze die Zeit und räum die Schublade aus. Befrei dich von überflüssigem Krempel oder lies ein Buch, das du schon lange einmal lesen wolltest. Wenn du dich für ein Leben mit Glück und Freude entschieden hast, wirst du für solche Situationen schon längst vorgesorgt haben. Ist das nicht der Fall, dann wird dich diese Situation lehren, für solche Tage einen Vorrat zu haben: Du hast einen schönen oder spannenden Film, den du nun endlich ansehen kannst. Falls dies nicht der Fall sein soll, dann tue jetzt das, was dir guttut. Gönn dir ein Bad, geh ins Kino, mach einfach, was du sonst nicht tun würdest.

Unterbrich hier die Lektüre: Geh ein paar Minuten spazieren, auch und gerade wenn es regnet, lass dabei die Gedanken bewusst los. Denk an etwas, worauf du dich freust, amte ruhig und tief ein und aus. Spüre, wie sich Ruhe in dir ausbreitet. Freu dich darüber, dass du bei dir sein kannst und der Regen die Luft reinigt. Atme tief ein und lächle. Staune und danke für das, was du siehst.

Schreibe, was dich am Tag lange beschäftigt, in Stichworten auf und lass den Zettel vom Aktenvernichter fressen.

Vermeide es unter allen Umständen, an solchen Tagen ins Grübeln zu verfallen. Nimm ihn als Geschenk an. Seine Botschaft lautet:

 **Du musst jetzt nichts tun!**

(Oder wie würde es ein buddhistischer Meister sagen: „Trink erst mal eine Tasse Tee!")

Wer dich wirklich liebt, würde dir das sagen! Und das Leben liebt dich, will dir Liebe schenken. Nimm sie an!

Ob es regnet, ob es schneit, ob die Sonne scheint, ob du frei hast oder arbeiten musst:

> *Such dir immer wieder eine geeignete Stelle, wo du von Zeit zu Zeit bei dir selbst sein darfst, ungestört, bewusst die Alltagsgedanken loslassen kannst. Dieser Ort soll dich nicht an die Arbeit erinnern. Nimm ein paar Steinchen in die Hand und wirf sie weg. Stell dir vor, dass mit jedem Steinchen das wegfliegt, was dich belastet.*

Loslassen ist besonders am Abend wichtig, vor dem Einschlafen: Lass die Gedanken des Tages bewusst los. Sag zu jedem Gedanken: „Ich beschäftige mich morgen wieder mit dir, ich darf dich loslassen."

Der innere Mensch fordert Rhythmen. Sie geben ihm Halt und Sicherheit. Verschiebe also keine Pausen. Unterbrich den Tag regelmäßig, bestenfalls immer zur gleichen Zeit. Wenn das nicht möglich ist, suche andere Rhythmen, die dich tragen. Es sollten solche sein, die dir guttun, die angenehm für dich sind.

 Lebe alle Tage möglichst in deinem natürlichen Rhythmus. Lass andere so leben, wie es für sie stimmt. Achte auf dein Herz, auf dein Wohlbefinden.

Vor allem: Vergiss den Humor nicht! Und lebe so, dass du Fröhlichkeit erfährst und mit ganzem Herzen bei dem sein kannst, was du tust. Bemühe dich, im Augenblick zu leben. Mit einer Brise Humor stehst du über der Sache. Schreiben wir doch einmal ein „Humor-Tagebuch", in dem wir uns heitere Situationen und Erfahrungen notieren.

Erinnere dich an Situationen, in denen du lachen konntest. Damals ging es dir gut. Wie kannst du diesen Zustand wieder erreichen? Was hindert dich daran, dem Leben mit Heiterkeit zu begegnen? Denk daran: Du wirst mit deinem Lächeln und deinem fröhlichen Wesen Heiterkeit und Freude anziehen! Deine Mitwelt wartet darauf, von dir erlöst zu werden! Es liegt an dir, ob du Freude erfährst oder nicht.

Du ziehst an, was du ausstrahlst. Verschenkst du Charme, so werden dich die Menschen charmant behandeln und dir für deine Ausstrahlung danken. Und in dieser Dankbarkeit wirst du dich wohl, geliebt, getragen fühlen.

 Selig, wenn du über dich selbst lachen kannst! (Dann hast du immer etwas zu lachen...)

Bist du heiter und gelassen, dann wirst du auch Erfolg haben. Heiterkeit und Gelassenheit erlangst du durch Ehrlichkeit und Aufrichtigkeit. Sei, wer du bist, stehe zu deinen Grenzen, erwarte nicht zu viel, bleib dir treu, dann wirst du Frieden finden. Bleibe deiner Führung treu. Wie geht das?

In meinem Beruf kommt es immer wieder vor, dass ich bei einer Arbeit gestört werde, diese nicht weiter ausführen kann. Dann bejahe ich die neue Forderung, ja, betrachte sie als Geschenk. Sie ist das, was das Leben von mir verlangt.

Im nächsten Kapitel geht es darum, dass der Mensch Glück durch Beziehungen findet. Eben habe ich eine Studie gelesen, dass reiche Menschen Glück gefunden haben, weil sie ihr Vermögen mit anderen Menschen geteilt haben. Das ist wohl ein Lebensgesetz: Da geht einer „über Leichen", um reich zu werden. Aber erst, wenn er teilt, begegnet er den lebendigen Menschen. Und er will diesen Menschen begegnen, will doch mit ihnen leben! (Wer kann schon mit Leichen glücklich werden…?)

6.
Gelassenheit
durch Liebe erfahren!

„Glücklich war ich,
als den Gefährten ich fand.
Den Menschen erfreut der Mensch."
EDDA[30]

Es gibt sie, die Eremiten und Einsiedler. Meistens war ihr
Wirken aber im Zusammenhang mit einem besonderen Auftrag, einer besonderen Aufgabe verbunden. Vielleicht haben
einige von ihnen Heiligkeit oder Erleuchtung angestrebt. Für
die meisten Menschen sind konkrete Beziehungen das Wesentliche im Leben. Viele Umfragen kommen zum Schluss,
dass Menschen in Partnerschaften glücklicher leben als Singles. Statistiken belegen, dass Singles häufiger an Depressio-
nen leiden und Menschen mit einem Partner/einer Partnerin
weniger körperliche Störungen aufweisen.

Doch das Zusammenleben ist nicht immer einfach. Wer
sich für eine verbindliche Form des Zusammenlebens entscheidet, der wird bis zu einem gewissen Grad Spannungen aushalten müssen. Er muss sich eben um ein Leben
mit mehr Gelassenheit bemühen. Das ist sicher keine neue

Erkenntnis. Gerade starke Persönlichkeiten reiben sich oft aneinander. Sie spüren aber auch, dass sie nur durch diesen Prozess innerlich wachsen und reifen können. Im besten Fall holt der Freund oder die Freundin etwas aus mir heraus, er/sie fordert mich heraus, damit fördert er/sie mich. Wir profitieren voneinander, wir lernen voneinander. Freundschaften bringen Schwung in unser Leben.

Am Anfang des Buches habe ich dem ersten Kapitel das Zitat vorausgestellt, dass der Weg zur Erleuchtung über ein Leben im Hier und Jetzt führt. Hier seien noch die nachfolgenden Sätze genannt:

„Ein erleuchteter Mensch setzt sich mit dem auseinander, was hier und jetzt geschieht. Er ergeht sich nicht in Fantasien über irgendein Ideal, das nicht realisiert wird. Er erwartet nicht, dass die Beziehung anders ist, als sie eben ist."[31]

Weiter schreibt der Autor:

Der erleuchtete Mensch habe nicht das Bedürfnis, den anderen ins Unrecht zu setzen. Er will einfach ehrlich sein und sagt die Wahrheit. Er erinnert sich an das Licht im eigenen Wesen und im anderen Menschen.[32]

Ohne Zweifel öffnet uns die Liebe Türen. Es erstaunt nicht, dass Erich Fromm in seinem Buch „Die Kunst des Liebens" zu einem Schluss kommt, der bestätigt, was spirituelle Menschen in allen Zeiten erfahren haben: Wahre Liebe öffnet nicht nur Türen, sie öffnet das eigene Wesen. Er schreibt:

„Liebe ist nicht in erster Linie
die Bindung an eine bestimmte Person.
Sie ist eine Haltung, eine Charakter-Orientierung…"[33]

Erich Fromm stellt fest, dass ein Mensch, der nur eine Person liebt, dem aber alle übrigen Mitmenschen gleichgültig sind, in einer symbiotischen Bindung lebt. Es handle sich dabei um einen erweiterten Egoismus. Er scheibt:

„Wenn ich einen Menschen wahrhaft liebe,
so liebe ich alle Menschen,
so liebe ich die Welt,
so liebe ich das Leben.
Wenn ich zu einem anderen sagen kann:
‚Ich liebe dich', so muss ich auch sagen können:
‚Ich liebe in dir auch alle anderen,
ich liebe durch dich die ganze Welt,
ich liebe in dir auch mich selbst.'"[34]

In jeder Beziehung gibt es Gezeiten. Manchmal scheint die Sonne, manchmal regnet oder schneit es. In keiner Beziehung scheint immer nur die Sonne. Wenn es uns nicht gelingt, mit der Schwäche des anderen Menschen zu leben, dann sind wir letztlich nicht beziehungsfähig. Wenn wir den anderen Menschen nur lieben, wenn oder weil er uns dient, dann ist das keine wirkliche Liebe. Umgekehrt wird einer, der uns liebt, uns auch nicht ausnutzen.

In der Beziehung, am Arbeitsplatz, im Verwandten- oder Freundeskreis: Immer wieder gibt es Spannungen und Krisen. Sicher erwartest du von einem Buch, das ein Leben mit heiterer Gelassenheit beschreibt, auch eine Antwort darauf, wie man mit solchen Spannungen umgeht. In der Regel suchen wir die Ursachen für Krisen immer bei den anderen Menschen und vergessen dabei, dass sie auf uns reagieren. Oft übersehen wir unsere Schattenseite.

Bekanntlich zeigen eines Menschen Stärken seine Schwächen. Besinnen wir uns doch mehr auf die starken Seiten!

Wieder beginnt die Auflösung bis zu einem großen Grad bei mir! Solange ich dem anderen Menschen oder anderen Menschen die Schuld gebe, löse ich die Spannung nicht auf. Was kann ich tun?

Was mir schon geholfen hat und hilft:

Ich erinnere mich gerne an die alten asiatischen Kampfsportarten. Da wird die Energie des Gegners umgeleitet. In diesen ging und geht es übrigens ja gerade auch um Aufmerksamkeit und Wachsamkeit. Jede Meditation kann die Technik des Kampfsportes unterstützen; und umgekehrt sind die Kampfsportübungen immer auch Meditationen, da sie das Körpergefühl verstärken. Heute werden die meisten Kämpfe in unseren Industrienationen nicht mehr mit den Körpern ausgetragen. Vielmehr gibt es kämpfende Seelen. Mit Worten werden Menschen verletzt oder unter Druck gesetzt. Wenn in den östlichen Kampfsportarten die Energie des Angreifers umgeleitet wird, dann entspricht dies im seelischen Bereich dem Verzeihen und dem Segnen. Wir vergessen in einigen Fällen, dass Menschen, die uns angreifen, sich von uns bedroht fühlen. Selbstverständlich gibt es auch viele andere Ursachen, wie Neid, Missgunst, Aggressionen u.a. Viele, die andere angreifen, fühlen sich – aus welchen Gründen auch immer – offenbar nicht oder noch nicht in der Lage, sich auf den anderen Menschen einzulassen, auf das, was sie von ihm lernen könnten. Ich glaube, es ist kein Zufall, mit wem wir zusammenkommen und zusammenleben. Jede Begegnung bietet uns eine Chance, etwas zu lernen.

Bei einem Konflikt, bei einem Ärger habe ich mir angewöhnt, eine halbe Stunde in die Natur zu gehen. Ich mache mir bewusst, dass Ärger, Zorn oder Wut mich krank machen. Ich sage mir:

Ich gebe dir (evtl. an die Person denken)
nicht die Macht, mich krank zu machen!

Noch ein kurzes Wort zum eben genannten „Verzeihen": Eine Beziehung ist letztlich nur von Dauer, wenn Menschen einander verzeihen können. Verbunden damit muss natürlich der Wille beider sein, dass Kränkungen und Verletzungen nach der Versöhnung möglichst vermieden werden. Wir Menschen sind nicht vollkommen, aber wir dürfen die Verzeihungsbereitschaft des Partners, der Partnerin auch nicht ausnützen. Im bekannten Gebet der Christen, im Vaterunser, ist die Bitte: „...wie auch wir vergeben unseren Schuldigern". Wenn wir nicht vergeben können, können wir auch nicht loslassen. Dann tragen wir eine Last mit uns. Auf weitere Bausteine, die eine längerfristige und verbindliche Beziehung ausmachen, komme ich im späteren Verlauf dieses Kapitels zurück.

Handeln wir stets so, wie wir behandelt werden wollen, dann gelingt das Zusammenleben. Denken wir uns von Zeit zu Zeit in andere Menschen hinein. Überlegen wir uns, was sie geprägt, geformt und beeinflusst hat. So verstehen wir sie und ihr Verhalten besser. Verständnis durch Erkenntnis!

Konkret stelle ich mir vor:
Wenn einer mich angreift, balle ich nicht die Faust zur Abwehr, sondern stütze meine rechte Hand in die Hüfte (wenn ich Rechtshändler bin, sonst die linke Hand). So bildet sich eine Öffnung. Nun stelle ich mir vor, wie die Energie des Angriffs an mir vorbei durch diese Öffnung verschwindet!

Es ist wahr: Wenn der Angriff aus bösem Willen geschieht, dann wird die destruktive Energie in einem Bogen auf den Angreifer zurückkehren. Das ist ein Lebensgesetz. So wie ein Bumerang zu dem zurückkehrt, der ihn geworfen hat. Wenn du geradeaus gehst, rund um den Erdball wanderst, würdest du irgendwann wieder an deinem Ausgangspunkt ankommen.

In jedem Fall ist es bei einem (sich anbahnenden) Konflikt gut, nicht sofort zu reagieren. Es geht darum, dass ich Abstand von meinem Zorn und von meiner Wut gewinne und sachlicher reagieren kann. Denn in uns allen ist die Fähigkeit verborgen, auch Menschen zu lieben, die uns nicht gewogen sind.

Apropos Liebe: Eben habe ich ein Lied gehört: Eine Sängerin beschreibt einen warmen Sommerabend in Südfrankreich, wo sich viele Mädchen nach einem Kuss sehnen...

„Nicht nur in Südfrankreich", denke ich. Und weiter: Hinter dieser Sehnsucht steht doch der Wunsch nach Liebe, letztlich nach Geborgenheit, im tiefsten Wesen nach der Vereinigung mit Gott. Die Liebe erlöst. Sie öffnet uns für die spirituelle Dimension, was Verliebte in allen Zeiten erfahren haben und erfahren. Mit der Erfahrung der großen Liebe beginnt sogar der nüchterne Realist zu zweifeln, ob ein geistloses Universum schon alles ist…

Menschen, die lieben, werden geliebt. Liebende Menschen ziehen sich an. Jede kleine freundliche Geste kann eine ganze Welt in Bewegung bringen, ohne dass du es bemerkst. Liebe erfordert Wachsamkeit und Aufmerksamkeit, Offenheit und Mut. Kürzlich habe ich mir im Tagebuch notiert:

Warum ich heute keine Liebestat getan habe?
Ich war Gefangener meines Selbst. Ich habe mich
selbst gefesselt und ins Gefängnis gesteckt.

Die wahre Liebe erfahren kann nur, wer sich selbst bejaht und liebt. Das ist nicht im egoistischen Sinne gemeint. Und doch können wir das Ego nicht einfach ausschalten oder umgehen. Wir müssen es liebevoll bejahen.

Wenn ich auf andere Menschen wütend bin, bin ich nicht ganz bei mir. „Komme ich bei mir an", weiß ich auch, dass der andere Mensch mir nicht schaden kann. Er schadet sich selbst, wenn er mich verletzt. Er verletzt sich selbst.

 Wenn du dich nicht liebst, liebt dich keiner.
Wenn du dich liebst, lieben dich alle.

Ich sehe in einem Menschen, was ich selber bin. Ich entdecke mich durch ihn. Wahre Liebe setzt Erkenntnis voraus. Ich meine hier, die Liebe, die über den Egoismus hinausgeht. Erst wenn wir im anderen Menschen einen Teil des Ganzen sehen, wenn wir seine absolute Daseinsberechtigung erkennen, durch den Widerstand seiner Unvollkommenheit hindurch sein eigenes Wesen ahnen, werden wir Frieden finden. Wir werden ihm so begegnen, dass er sich entspannen und sich uns offenbaren kann.

Wir können dem anderen Menschen nicht immer das geben, was er von uns fordert, aber wir können ihm immer etwas geben. Wir geben ihm schon viel, wenn wir ihm unsere Aufmerksamkeit schenken. Wenn wir ihn lieben, geben wir ihm das, was er wirklich will. Denn er will geliebt werden. Wir dürfen dem Leben vertrauen, dass es gut ist, was wir ihm geben.

Ich war einmal in einer mir unbekannten Gegend unterwegs, wollte in einem großen Warenhaus einkaufen. An der Kasse fiel mir sofort eine gestresste Frau auf. Sie wartete mit einem Produkt ungeduldig hinter mir in der Schlange. Sie war so unter Druck, dass sie beinahe aus den Schuhen fiel. Ich wollte sie erlösen, bot ihr an, mich zu überholen. Plötzlich verwandelte sich ihr Gesicht durch diese kleine und unscheinbare Geste. Sie lächelte, bedankte sich mehrmals, konnte ihr Glück gar nicht fassen. Ich suchte meinerseits das Geld, nahm dabei eine Ticket-Münze aus dem Geldbeutel, steckte ihn weg.

„Sie müssen diese Münze abgeben", meinte die Frau.

Ich blickte sie fragend an. Sie fuhr fort:

„Die Münze wird registriert, mit Ihrem Einkauf verrechnet. So zahlen Sie keine Parkgebühr."

Ich war angenehm überrascht, denn ich hatte in letzter Zeit viel Geld für das Parken ausgeben müssen. Die Kassiererin mischte sich ein: „Das steht doch überall, das kann man lesen!"

„Ich habe es nicht gelesen", sagte ich. Auch die gestresste Frau, die bald mit mir noch weitere Worte wechselte, also plötzlich gar nicht mehr so gestresst war, bestätigte mir, dass sie dies auch lange nicht gesehen bzw. gewusst habe.

Diese kleine und alltägliche Erfahrung hat mir zweierlei gezeigt:

1. Man kann Menschen mit ganz wenig Aufwand Freude machen, sie erlösen, aus ihrem Druck befreien. Oft genügt schon ein freundliches Wort.

2. Wo der Mensch etwas für andere Menschen tut, wo er von sich absieht, da gewinnt er, da bekommt er etwas zurück. Sie werden vielleicht sagen: Das ist doch nicht immer so, das muss nicht unbedingt sein. Gut. Aber längerfristig stimmt diese Lebensweisheit, die übrigens alle Lebensmeister in allen Zeiten verkündet haben.

Zur Pflege der Freundschaften gehören Phantasie und Kreativität. Vor allem aber: Zeit haben. Keine Freundschaft kann man mit Geld kaufen. „Aus den Augen – aus dem Sinn", lautet ein Sprichwort. Wenn ich den anderen Menschen nicht mehr sehe, dann verliere ich die Beziehung zu ihm. Der freundliche und bewährte Händedruck ist mehr als nur eine floskelhafte Geste. Da fließen wirklich Kräfte, durch die die Persönlichkeiten sich in der Tiefe berühren. Durch den Händedruck komme ich also in Berührung mit dem individuellen Wesen des anderen Menschen. Ich öffne mich, mache mich bereit, ihn zu verstehen, seine Eigenart zu „begreifen". Was man so wirklich greift, hat man begriffen.

Ich muss sagen, dass ich von einigen Freunden in meinem Leben schon viel profitiert habe. Kein Mensch kann alles wissen. Oft hat mich ein Freund auf etwas aufmerksam gemacht, mir eine Tür geöffnet. Es waren Empfehlungen darunter, die unbezahlbar sind. Es gibt wirklich Menschen, die wirken wie Engel. Auf der anderen Seite genügt ein Wort, um die gute Stimmung zu zerstören. Dazu wieder eine Erfahrung: Wir waren einmal Gast in einem gemütlichen Hotel. Der Besitzer war höchstpersönlich um den wunderschönen Garten besorgt, der den Gästen des Hauses zur Verfügung stand. Es gab da allerlei Pflanzen und Tiere, kleine Teiche mit Fischen, verschiedene Plätze mit schönen Blumen. Mitten am Tag traf ich den Besitzer, lobte seinen Garten, brachte zum Ausdruck, dass wir hier wieder einmal gerne absteigen würden. Überall standen Tische und Stühle, man bot uns sogar an, das Frühstück im Garten zu genießen. Am Abend saßen wir noch im lauschigen Garten und genossen die Kühle nach einem heißen Sommertag. Plötzlich tauchte der Besitzer auf, er wässerte die Pflanzen, zündete Kerzen an und stellte eine besinnliche Musik ein. Als er uns sah, meinte er mit einem verkrampften Gesicht: „Das ist eigentlich der private Platz. Sie können jetzt schon sitzen bleiben, aber hier ist privat."

Er ging. Wir schauten uns nur fragend an. Warum hat er nicht einfach ein Schildchen auf den Tisch gestellt. Wie sollten wir das wissen? Der Tisch unterschied sich in keiner Art und Weise von den anderen Tischen, von den anderen Sitzgelegenheiten. Und wieso störte ihn unser Zusammensein, da er offensichtlich ja selber gar keine Zeit hatte? (Er war als Koch im Einsatz, nutzte eine kurze Pause, um die Spritzanlage einzuschalten.) Wir fühlten uns mit einem Schlag überhaupt nicht mehr willkommen in diesem Haus… Man kann nicht Menschen gleichzeitig einladen und ausladen.

In uns stieg ein ungutes Gefühl auf. Da wir Verständnis für seine angespannte Situation hatten, ließen wir uns die Ferienstimmung nicht verderben. Andere Gäste aber hätten durch dieses Verhalten das Hotel wohl in Zukunft umfahren. So kann ein kleines Wort viel ausmachen!

Doch zurück zum Thema „Freundschaft":

Wohl dem, der gute Freunde hat! Freundschaften fallen nicht einfach vom Himmel. Wer nichts in Beziehungen investiert, braucht sich über seine Einsamkeit nicht zu beklagen.

Unsere Beziehungen sind oft sehr vielfältig. Oft gleicht unser Beziehungsnetz einem „schmackhaften Hackbraten". Er enthält viele Zutaten. Sie alle machen ihn aus. Diese sind miteinander vermischt. Analysieren wir ihn einmal, analysieren wir von Zeit zu Zeit unsere Beziehungen, fragen wir uns, wem wir zu danken haben, was wir voneinander lernen können, warum wir zusammenpassen.

Nutzen wir die Kraft des spontanen Agierens, indem wir mit Menschen ins Gespräch kommen. Gelegenheit dazu gibt es genug.

Die Kunst der heiteren Gelassenheit

Unser Leben wird bunter! Sehr viel habe ich durch wohlgesinnte Menschen gelernt. Die meisten Menschen geben gerne Auskunft. Sie teilen sich mit, freuen sich, wenn einer sich für sie interessiert!

 Ich wage Begegnungen, nehme mir Zeit, anderen Menschen zu begegnen, mit ihnen ins Gespräch zu kommen!

Glückliche Menschen ziehen andere glückliche Menschen an. Es ist kein Zufall, wem wir begegnen. Wir senden unbewusst Signale aus. Es gibt innere Verwandtschaften!

„Wer glücklich ist, kann glücklich machen;
wer's tut, vermehrt sein eignes Glück."
J.W.L. GLEIM[35]

Bekanntlich besteht das Leben aus einem Geben und Nehmen. Wer niemals etwas annehmen kann, der kann auch nicht mit frohem Herzen geben. Oder anders gesagt: Wer selber nichts annehmen kann, der gibt, um Macht über den Beschenkten zu gewinnen. Es zeugt von Demut, etwas annehmen zu können. Damit meine ich natürlich nicht, dass ich die Demut als Vorwand nehme, um andere Menschen auszunützen. Oft muss ich Menschen sagen, sie sollen sich einmal um ihre Bedürfnisse kümmern, wenn sie zu mir kommen, mir erzählen, dass sie von den Sorgen anderer Menschen erdrückt werden. Einige haben nicht den Mut, ihre eigene Bedürftigkeit zu sehen. Sie flüchten in ein Helfersyndrom. Sie werden anderen Menschen nie richtig helfen können, wenn sie sich nicht selber helfen oder helfen lassen.

Wenn wir in Beziehungen leben, brauchen wir oft einen langen Atem. Aber letztlich ist dieses Leben das wahre Leben. Andere Menschen fordern uns zwar heraus, aber sie bereichern uns auch. Wir lernen durch sie uns selbst kennen. Eine Beziehung, eine Freundschaft oder eine Liebe gelingt durch Verstehen. Liebende fühlen sich zueinander hingezogen. Und so gesehen bleibt die Liebe immer ein Geheimnis. Aber soll die Liebe andauern, kommt sie nicht ohne Verstehen aus. Ein Mensch, der innerlich an die Stelle des anderen tritt, sich in ihn hineindenkt und fühlt, lernt ihn verstehen, kann Mitleid entwickeln.

Ich kann einen Menschen nur hassen, wenn ich ihn, seine Prägung und Beeinflussung, seine Lebensumstände nicht verstehe. So ist es letztlich die innere Trägheit, die mich zum Zorn reizt. Auch hier helfen mir Meditation und Zeiten der Stille. Ich besinne mich auf das göttliche Licht im anderen Menschen. So werte ich ihn auf, öffne ich mich für ihn. Er wird es spüren. Ich sehe dann mehr und klarer.

Liebe kommt ohne Kommunikation nicht aus. Je klarer kommunziert wird, desto größer ist die Chance, dass eine Beziehung funktioniert und andauert. Dies bedeutet gerade, dass Menschen sich das sagen, was wichtig ist und der Gemeinschaft guttut. Deshalb müsste jedem Partner gesagt werden: „Achte auf deine Worte!"

Ebenso wahr ist: Wenn ein Paar auch miteinander schweigen kann, zeugt dies von einer reifen Liebe. Dann sind diese

Menschen im „Sein". Solche Menschen brauchen sich nicht mehr durch Worte zu „erhalten" oder zu bestätigen. Sie finden Erfüllung im Zusammensein, auch wenn nichts gesprochen wird. Sie fühlen, wie die Nähe des anderen Menschen ihnen guttut. Sie vertrauen auf die Liebe des anderen Menschen. Sie erfahren diese, wie sie keine Worte ausdrücken könnten.

Deshalb ist es wichtig, dass wir unsere Erwartungen aussprechen. Und wir sollten unsere Erwartungen relativieren. Dann können wir auch hinhören, was der Partner, die Partnerin erwartet.

Eine Beziehung klappt, wenn beide Partner an sich arbeiten. Solange sich der Mensch nicht selbst annimmt und bejaht, wird er Probleme in der Partnerschaft oder im Zusammenleben mit anderen Menschen haben. Er wird anderen Menschen auch nicht wirklich helfen oder dienen können. Wer sich entwickelt und sich den Veränderungen des Lebens stellt, der bleibt für seinen Partner oder für seine Partnerin interessant. Der positive Mensch, der sich und das Leben bejaht, wird durch freudige Hingabe reif für immer größere Aufgaben, die ihm noch mehr Erfüllung schenken. Er verwirklicht sich im besten Sinne selbst.

Was wir in einem Klima der Zuneigung, der gegenseitigen Wertschätzung und der herzlichen Beachtung tun, bewirkt Harmonie. Viel seltener werden Menschen krank, die so leben und arbeiten.

 *Wenn du dich wirklich bejahst, wird der Wunsch in dir erwachen, im gegenwärtigen Augenblick zu leben.*

Gelassenheit durch Liebe erfahren!

Du wirst nicht mehr versuchen, dem anderen Menschen deinen Willen oder deine Wünsche aufzudrängen.

Wer ständig vor sich selbst flüchtet, zum Beispiel in die Arbeit flüchtet, der wird sich nie begegnen. Das Enneagramm ist eine Möglichkeit, sich selber und andere besser zu verstehen. Wir wagen damit einen Blick in unser Unterbewusstsein, in die Region, die unser Handeln, Reden und Denken bestimmt. Wir verstehen, was uns motiviert und was uns hemmt. Wir lernen unsere Persönlichkeit kennen, merken auch, dass wir von allen Typen etwas in uns tragen. Ich komme im nächsten Kapitel nochmals darauf zurück, wenn es darum geht, wie wir von den anderen Menschen profitieren können. Hier, bei der Betrachtung des Zusammenlebens, können die neun Typen des Enneagramms eine Hilfe bieten, die Gemeinschaft zu vertiefen. Im Internet findest du Tests. Im Buchhandel gibt es entsprechende Literatur. Besonders in einer entsprechenden Gruppe wirst du die Kraft dieses Systems erfahren.

Bei Christus, beim göttlichen Sohn, erkennen wir, dass er alle guten Eigenschaften (der verschiedenen Typen) in seinem Wesen vereinigt hat. Wenn wir die Evangelien lesen, fällt uns sein erlöstes Wesen auf. Er verkörpert:

Typ 1: Pädagogik, Toleranz, Geduld
Typ 2: Fürsorge, Barmherzigkeit, Solidarität
Typ 3: Strebsamkeit, Tatkraft, Vision
Typ 4: Kreativität, Sensibilität, Authentizität
Typ 5: Distanz, Nüchternheit, Weisheit
Typ 6: Treue, Gehorsam, Vertrauen

Die Kunst der heiteren Gelassenheit

Typ 7: Feierlichkeit, Freude, Schmerz
Typ 8: Klarheit, Konfrontation, Vollmacht
Typ 9: Liebe, Friedfertigkeit, Gelassenheit

Ich fasse hier zusammen, was die anderen Typen mir ins Bewusstsein rufen können:

- Wo flüchte ich in die Perfektion?
- Manipuliere ich andere?
- Geht es mir um Macht und Ansehen?
- Lebe ich zu wenig im Hier und Jetzt?
- Wann ziehe ich mich zurück?
- Lebe ich mit Ängsten, Sorgen?
- Zerstreue ich mich oft?
- Bin ich beherrschend, mächtig?
- Spiele ich oft das „tote Männchen"?

Ein Zusammenleben gelingt, wenn ich die Bedürfnisse des anderen Menschen ernst nehme. Das muss täglich neu eingeübt werden. Im Sufismus gibt es eine eindrückliche Geschichte: Da klopft einer an die Tür seiner Angebeteten. „Wer ist das?", ertönt eine Stimme. „Ich bin es", antwortet der Mann. „Für dich und mich gibt es hier keinen Platz". Die Tür bleibt verschlossen. Nach vielen Jahren der Entbehrung und der Einsamkeit klopft er wieder an: „Wer ist es?" „Du bist es". Da wird ihm geöffnet.

Ob es uns gutgeht oder nicht, ob wir Erfolg haben oder nicht, der innere Friede hängt nicht davon ab. Den inneren Frieden findet, wer sich getragen fühlt. Und nur derjenige fühlt sich getragen, der selber mitträgt. Aus diesem Grund kann kein Mensch die Verantwortung ganz von sich schieben. Tiefste Geborgenheit erfährt, wer bereit ist, verantwortlich und verbindlich zu leben. Das ist wieder ein psychologisches Lebensgesetz. Indem ich andere trage und ertrage, kann ich mich auch tragen lassen.

Hier möchte ich die wichtigsten Punkte zusammenfassen, welche Liebe gedeihen lassen und das gelassene Zusammenleben befruchten:

1. Ich lerne den anderen Menschen kennen, bejahe ihn und mich mit unseren Grenzen und Möglichkeiten. Ich mache mir immer wieder neu bewusst, dass der andere Mensch ein Recht hat, anders zu sein. Er ist nicht der verlängerte Arm meines Selbst. Er nervt mich, weil er auch verletzt worden ist.

2. Ich übe die Kunst des Liebens täglich und stündlich ein, gestalte und pflege die Beziehung mit vielen kleinen und größeren Gesten kreativ und fantasievoll. Kurz: Ich investiere etwas in die Beziehung. Schöne Worte alleine genügen nicht. Dabei achte ich auf die gesunde Mitte zwischen Nähe und Distanz und gönne dem anderen Menschen Zeit für sich.

3. Ich gebe unserer Beziehung Raum für Spiritualität. Ich glaube an den anderen Menschen und an die geistige Führung, die uns zusammengebracht hat. Ich gehe davon aus, dass eine tiefe Liebe anzeigt, dass wir füreinander bestimmt sind. Daraus resultiert eine gewisse Verantwortung. Ich betrachte die Beziehung als Auftrag und Aufgabe. (Deswegen gibt es in der katholischen Kirche das Sakrament der Ehe, wo es heißt, dass der Mensch nicht trennen soll, was Gott verbunden hat. Diese Verbindlichkeit leitet sich davon ab, dass unsere geistige Führung uns ganz verbindlich treu bleibt.)

Vergessen wir nie, dass unsere Begegnungen in einem ganzheitlichen Weltbild nicht Zufall sind. Das Schicksal, wenn du es glaubst, kannst du auch „Gott" sagen, fordert uns mit Begegnungen heraus.

„Hier hast du eine Aufgabe. Ich bringe dich
mit dem oder jenem Menschen in Berührung.
In deinem Herzen ist eine Gabe, mit der ich dich
beschenkt habe. Entwickle sie, öffne dein Herz,
lass sie erblühen!"[36]

Oft verschlafen wir Begegnungen. Wir sind nicht wach genug. Meistens sind wir mit uns selbst zu sehr beschäftigt, so dass wir die Botschaft des anderen Menschen überhören. Oft will der andere Mensch etwas anderes, als er fordert. Er will uns in die Augen sehen, verlangt nach einem Augenblick des Zusammenseins. Er sehnt sich nach einer Geste der Freundschaft, nach einer Berührung, nach einem guten Wort. Gerade regelmäßige Zeiten der Stille und des Rückzugs geben uns, wie eben erwähnt, die Wachsamkeit für Begegnungen. Der Mensch hat ein Recht auf Zeiten der Einsamkeit, des Alleinseins. Der geistige Mensch fordert dies. Wenn wir immer wieder bei uns selbst sind, können wir auch wieder ganz bei den Menschen sein. Seien wir uns bewusst, dass es vom Grad unserer Offenheit und Bereitschaft abhängt, ob wir Menschen helfen oder heilen können oder nicht. Wir können die Welt ein wenig verändern, wenn wir Verantwortung für die Menschen übernehmen, die mit uns zusammenleben.

Die oben erwähnte Verantwortung für den Menschen, der mir anvertraut worden ist, zeigt die wahre Liebe an. Diese ist verbindlich. Sie übersteigt die erotische und egoistische Dimension. Wenn ich wirklich liebe, liebe ich den Körper, die Seele und den Geist des anderen oder der anderen Menschen. Ich liebe sein/ihr ewiges Wesen.

„Dies ist der Weg zur Befreiung von Sorge und Schmerz:

Denke so,
als ob jeder deiner Gedanken in flammenden
Buchstaben an den Himmel geschrieben wäre,
so dass jedermann es lesen könnte.

Sprich so,
als ob die ganze Welt nur ein einziges Ohr hätte,
das begierig wäre, nur auf dich zu hören.

Handle so,
als ob die Folgen jeder deiner Taten
auf dich zurückfielen.

Liebe so,
als ob Gott selbst dich brauchte."[37]

Die letzten beiden Zitate stammen aus einem Buch von Wladimir Lindenberg. Er hat viele Lebensweisheiten gesammelt. Das Kapitel über unser Leben in Beziehungen möchte ich mit einem dritten kurzen Text aus seiner Sammlung abschließen. Er stammt von Graf Helmuth James von Moltke, der in den letzten Tagen vor seiner Hinrichtung durch das Naziregime seiner Frau das geschrieben hat, was wohl eine tiefe Wahrheit ist, die wir aber im täglichen Zusammensein oft vergessen: Nur zusammen werden wir zur ganzen Persönlichkeit. Das „Du" macht erst unser wahres Menschsein aus.

„Du bist vielmehr jener Teil von mir,
der mir allein eben fehlen würde.
Nur wir zusammen sind ein Mensch.
Wir sind ... ein Schöpfungsgedanke."[38]

Wer so empfindet, der hat verstanden, was Freundschaft und Liebe im tiefsten Sinne bedeuten. Er wird dem anderen Menschen mit Güte begegnen. Er wird ihm taktvoll die Wahrheit sagen, weil nur diese ihm und dem Zusammenleben dient.

Glück empfindet, wer liebt und geliebt wird. Voraussetzung dafür ist eine „gesunde Beziehung", die mit einer aufrichtigen Kommunikation zusammenhängt.

Deshalb sollten wir nie „hinter dem Rücken" über eine (abwesende) Person reden. Wenn wir nicht den Mut haben, etwas in ihrer Gegenwart zu sagen, dann lügen wir, lügen wir uns selbst und andere an. Auch sollten wir uns immer fragen: „Würde ich das über den anderen Menschen sagen, wenn er hier anwesend wäre?" So denken und reden wir richtig, wie es alle spirituellen Meister geraten haben. Wir spüren vielleicht sein bedürftiges Wesen, entwickeln Mitgefühl, wir vermeiden Missverständnisse.

Seit Jahren darf ich Menschen begleiten. Darunter sind auch solche, die sich auf ein verbindliches Zusammenleben vorbereiten. Wenn ein Paar zu mir kommt und ich spüre, dass sie sich auf einer spirituellen Ebene gefunden haben, dann bin ich immer beruhigt. Ich kann mir dann vorstellen, dass diese Menschen eine gemeinsame Zukunft haben. Würden sie ihre Beziehung nur auf oberflächlichen Dingen aufbauen, auf Geld, Sex oder Ansehen, so wäre die Gefahr groß, dass mit deren Verdunsten die gemeinsame tragende Basis verschwinden, sich auflösen würde. Was aus der Tiefe geboren wird, hat Bestand.

Ich glaube, wir können tatsächlich jeden Menschen lieben, wenn wir ihn verstehen. Dies gelingt, indem wir uns bewusstmachen, dass der andere Mensch die gleichen Bedürfnisse, Wünsche, Sehnsüchte mit sich herumträgt, die auch in uns warten, befriedigt zu werden. Wir können uns zudem vorstellen, dass er einmal verletzt worden ist. Seine Prägung hat ihn bis zu einem großen Maße zu dem gemacht, was er heute ist.

Wer Beziehungen wagt, der wird oft herausgefordert, manchmal wohl auch enttäuscht, ja, vielleicht sogar verletzt. Aber dieser Prozess vermittelt Lebenserfahrung und Menschenkenntnis. Diese wiederum schenken Weisheit. Die hier gemeinte Weisheit ermöglicht erst Gelassenheit. Deshalb habe ich einmal notiert:

Der Grad der Gelassenheit
zeigt den Grad deiner Weisheit.

Eine tiefe Gelassenheit erlangen wir also nicht, indem wir uns von den anderen Menschen abschotten.

Liebe und Mitgefühl sind es letztlich, die unserem Dasein Sinn und Erfüllung schenken, die unsere Seele atmen lassen. Der Mensch ist und wird Mensch, wenn er liebt.

Am Ende des dritten Kapitels habe ich auf das Märchen „Hans im Glück" hingewiesen. Treffend singt Mireille Mathieu in ihrem „Hans im Glück":

 *„Hans im Glück kann jeder sein,*
wenn er sein Herz einem anderen gibt!"

7.
Gelassen mit
sich selbst umgehen!

„Das Geheimnis des Glücks,
nach dem jeder Mensch strebt,
liegt beschlossen in der Erkenntnis unseres Selbst."
HAZRAT INAYAT KHAN[39]

Sicher hast du schon einmal „Verstehen Sie Spaß?" oder
eine ähnliche Sendung gesehen, wo Menschen in besonderen Situationen mit versteckter Kamera beobachtet und
gefilmt worden sind. In diesem Zusammenhang gibt es Erfahrungen von Menschen, die der Meinung waren, „Opfer"
eines solchen Streichs zu sein. Bekannt ist z.B. die Erfahrung „Oma wartet auf Kurt Felix" (der durch die versteckte
Kamera bekannt geworden ist). Oma hat im Selbstbedie-
nungsrestaurant eine Suppe geholt und den Löffel vergessen.
Die Suppe hat sie auf einem reservierten Tisch deponiert,
sie kommt mit dem Löffel zurück, staunt nicht schlecht,
da ein Afrikaner ihre Suppe isst! Sie vermutet eben die
versteckte Kamera, gibt sich cool, setzt sich zum fremden
Mann und isst mit ihm. Er ist nett, lächelt sie an, schiebt den
Suppenteller näher zu ihr, damit sie sich besser bedienen

kann. Nach dem Essen verabschiedet er sich freundlich. Und Oma wartet auf Kurt Felix, der jetzt kommen soll. Aber er kommt nicht. Sie sieht sich ratlos um und entdeckt dabei ihren Mantel über dem Stuhl an einem anderen Tisch, auf dem ihre Suppe immer noch auf sie wartet. Sie hat sich im Platz geirrt.

Warum ich diese Erfahrung hier anfüge? Es wird klar, dass wir oft Vorurteile haben und zu wenig aufmerksam sind. Aber diese Erfahrung könnte uns auch motivieren, in bestimmten (ungewohnten) Situationen innezuhalten. Es schadet nicht, wenn wir uns in ungewöhnlichen Situationen „einen Kurt Felix vorstellen, der uns mit versteckter Kamera filmt". Warum? Weil wir dann innerlich einen Schritt zurücktreten und uns wahrnehmen. Wir beobachten, was geschieht, „wachen auf". Wir können uns aber auch am Abend an schwierige Situationen erinnern und uns vorstellen, dass unser Verhalten gefilmt worden wäre. Was, wenn man diese Aufnahme einem Publikum vorführen würde? Wäre uns dann unser Verhalten peinlich?

Selbsterkenntnis ist eine Grundbedingung für ein glückliches Leben, weil sie mir zeigt, wer ich bin, was ich kann und will.

Oft wird geraten, man solle sich nicht beständig mit anderen vergleichen. Aber nur so lernen wir uns (selber) kennen! Wichtiger scheint mir zu sein, dass wir lernen, uns mit unseren Grenzen und Schwächen anzunehmen.

Kenne ich die (oft verborgenen) Motivationen meines Denkens und Handelns, verstehe ich auch meine Lebenssituation und Geschichte besser.

Interessanterweise berichten ja viele Menschen im Zusammenhang mit einer sogenannten Nah-Todeserfahrung, dass sie ihr vergangenes Leben wie in einem Film gesehen haben. Sie haben dabei Schmerzen gespürt, die sie anderen Menschen zugefügt haben.

Wir lernen uns durch andere (er-) kennen, aber wir können uns auch selber auf die Spur kommen!

Der Mensch tut gut daran, den eigenen Standpunkt, das eigene Verhalten immer wieder zu überprüfen. Wo haben sich ungute Gewohnheiten eingeschlichen? Wie verhalte ich mich in bestimmten Situationen? Was macht mir zu schaffen? Solche Fragen dürfen wir zulassen. Selbst die eigene Weltanschauung kann oder muss u.U. im Laufe des Lebens relativiert werden. Ist es denn nicht möglich, dass die verschiedenen Weltanschauungen eine relative Wahrheit verkünden? Müsste es demnach nicht so sein, dass alle Weltanschauungen zusammen wahr sind?

Nach diesem kurzen Ausflug in die Welt der Philosophen kehre ich wieder zum alltäglichen Leben zurück.

Bereits im letzten Kapitel habe ich auf das Enneagramm hingewiesen. Dieses System bietet echte Hilfe, wenn es um Selbsterkenntnis und Menschenkenntnis geht. Diese Typologie bietet nicht nur Hilfe für das Zusammenleben, sondern besonders auch für die Selbsterkenntnis. Deshalb will ich auch in diesem Kapitel kurz darauf eingehen. Das Enneagramm unterscheidet neun Typen. Obwohl wir von allen Typen Eigenschaften besitzen, dominiert ein Typ. Die anderen Eigenschaften, die uns fehlen, können wir als Herausforderung ansehen.

1. Ordnung, Sauberkeit, Disziplin
2. Hilfsbereitschaft, Mitgefühl, Offenheit
3. Tatkraft, Zielorientierung, Selbstsicherheit
4. Kreativität, Feingefühl, Stilsicherheit
5. Objektivität, Bescheidenheit, Abstand oder gesunde Distanz
6. Zusammenarbeit, Nüchternheit, Respekt
7. Spiel, Lernbereitschaft, Humor
8. Führungsstärke, Verantwortungsbewusstsein, Konzentration
9. Ruhe, Ausgeglichenheit, Zufriedenheit oder Friede

Man kann also die Aufzählung durchgehen und sich überlegen: Was fehlt mir?

Ich habe hier also die extremen Seiten der jeweiligen Typen genannt. Diese Aufzählung soll nicht gepresst werden. Wie gesagt, ist der Mensch zu groß und zu universal, als dass man ihn mit einigen Angaben beschreiben könnte. Hinzu kommt der Grad der Erlösung. Ein spiritueller Mensch kann seine Schatten aufdecken und sein Wesen transformieren. Dazu zwei Beispiele:

Typ 1: Du legst Wert auf Sauberkeit und Reinlichkeit? Okay, das ist in Ordnung so, solange es dich nicht belastet und es in einen Zwang ausartet.

Typ 7: Du veränderst dich oft und gern? Okay, du bleibst nicht starr, bist beweglich. Achte darauf, dass du nicht aus der Wirklichkeit flüchtest.

Nimm dir eine Viertelstunde Zeit. Betrachte anhand der oben angeführten 9 Typen deren Eigenschaften.

Schreib auf, was zu deinen Stärken gehört, dann, was dir noch fehlt, zähle die Worte auf.

Schreibe diese auf ein Post-It. Versuche, die Eigenschaften zu entwickeln, die dir noch fehlen, ohne dich dabei unter Druck zu setzen.

Diese eben genannte Übung ist eigentlich ein Lebensprogramm. Da müssen wir wirklich Geduld mit uns selbst aufbringen. Bleiben wir gelassen, wenn es uns nicht gelungen ist, das Chaos in der Schublade aufzuräumen. (War das nicht schon in der Kindheit für viele ein Thema?) Umarmen wir deshalb kurz das Kind in uns. Vergeben wir uns.

Auf dem Weg zum erfüllten Menschsein zeigt die oben genannte Aufzählung doch, was wir Menschen in unserem Leben ausblenden. Oder anders gesagt: Suche selber, was dir noch fehlt. Diese Suche gibt dir viel!

Wenn wir uns und andere Menschen besser verstehen, gelingt das Zusammenleben. Wir spüren die Chancen und Grenzen derjenigen, die mit uns leben und arbeiten. Wir können auch unsere Grenzen annehmen, in gewissen Fällen sie mit mehr Gelassenheit integrieren. Wenn ich mit mir im Reinen bin, verurteile ich andere Menschen nicht mehr. Denn eine Verurteilung anderer Menschen, anderer Haltungen oder Gedanken zeigt, dass ich innerlich unsicher oder schwach bin. Ich verkrampfe mich, grenze mich aus Angst ab, verurteile das Anderssein. Damit raube ich mir immer mehr die Kraft, es zu verstehen. Frieden, Toleranz, Großzügigkeit, Mitgefühl, Verständnis bringen dagegen zum Ausdruck, dass ich mir und der Welt vertraue. Ich muss nicht Unrecht akzeptieren, aber ich erlöse es, indem ich Menschen bejahe und ihnen verzeihe.

Ein weiteres Thema der Selbsterkenntnis ist die Angst. Fast jeder Mensch trägt gewisse Ängste mit sich herum, ob er im wachen Tagesbewusstsein darum weiß oder nicht. Manchmal tauchen die Ängste im Traum auf. Was können wir tun? Ich habe schon weiter oben angesprochen, wie Heilwerdung mit Bewusstwerdung zusammenhängt. Es geht darum, der eigenen Angst in die Augen zu blicken. Das ist oft nicht einfach, bleibt lange Zeit ein Prozess. Vielleicht müssen wir auch Hilfe annehmen. Ich selber habe die Erfahrung gemacht, wie Angst krank machen kann. Vor einer beruflichen Veränderung wurde ich krank. Die Krankheit verschwand dann, als ich mich bewusst mit der bevorstehenden Veränderung auseinandersetzte. Ich suchte das Gespräch mit einer vertrauten Person, vor allem aber: Ich versetzte mich innerlich in die neue Lage. Ich begriff, wie die neue Situation etwas mit meinem inneren Wesen zu tun hat. Es gibt keine Zufälle auf Erden. Wir sind dort, wo es letztlich gut ist für uns. Erst wenn wir deutlich spüren, dass der äußere Platz nicht mehr unserer inneren Befindlichkeit entspricht, sollten wir neue Wege suchen und einschlagen. In meinem Falle aber habe ich mich ja für die Veränderung entschieden. Es ging mir wie dem Indianer, der auf seine Seele wartete. Die Angst war, dass ich der Seele nicht Zeit gab, sich mit der neuen Umgebung anzufreunden. Die (unbewusste) Angst verdichtete sich zu einer Krankheit. Hier bin ich auch bei der Heilkraft des positiven Denkens angekommen. Wer positiv denkt, der sieht auch äußere Veränderungen als Chancen. Er nimmt die Herausforderung an. Er stellt sich Fragen, die seiner Entwicklung dienen. Hier meine ich besonders die spirituelle Entwicklung.

Der Autor Peter Bieri[40] hat in seinem kleinen Buch „Wie wollen wir leben?" folgende Fragen aufgezählt:

„Bin ich eigentlich zufrieden mit meiner gewohnten gedanklichen Sicht auf die Dinge, oder überzeugt sie mich nicht mehr? Finde ich meine Angst, meinen Neid und meinen Hass angemessen? Möchte ich wirklich einer sein, der diesen überkommenen Hass weiterträgt und diese Angst meiner Eltern weiterschreibt? Oder würde ich mich lieber als einen erleben, der der Versöhnung und Gelassenheit fähig ist?"[41]

Zu Beginn einer gottesdienstlichen Feier besinnen sich Christen auf ihr Leben, auf ihre Grenzen und darauf, was sie nicht erkannt, falsch gemacht oder wodurch sie andere verletzt haben. Das wird oft missverstanden, indem Menschen meinen, das würde zu einem Schuldbewusstsein führen. Im Gegenteil: Diese Besinnung führt zur Selbsterkenntnis und zur Bejahung des eigenen Wesens. Denn der Mensch hört, dass ihm vergeben wird, dass er in der Liebe und Freude wachsen kann. Diese Besinnung führt also auch zur Heilwerdung.

So formuliert auch Peter Bieri Fragen zur Besinnung:

„Und entsprechende Fragen können meinen Wünschen
und meinem Willen gelten: Ist mir eigentlich wohl
mit meinem Willen, der immer noch mehr Geld und
Macht anstrebt? Möchte ich wirklich einer sein, der
stets das Rampenlicht und den Lärm des Erfolgs sucht?
Oder möchte ich lieber einer sein, der in der Stille von
Klostergärten zu Hause ist?"[42]

Der Autor kommt zu einem Fazit, welches die Bedeutung
der Selbsterkenntnis aufzeigt. Es geht dabei um das Selbstbild:
    Von diesem hängt es ab, ob unsere Selbstbestimmung ge-
lingt oder nicht:

„Selbstbestimmt ist unser Leben, wenn es uns gelingt,
es innen und außen in Einklang mit unserem Selbstbild
zu leben – wenn es uns gelingt, im Handeln, im Denken,
Fühlen und Wollen der zu sein, der wir sein möchten."[43]

Dann fühlen wir uns gut, dann strahlen wir das aus, was an-
dere Menschen suchen, was ihnen guttut. Sie brauchen keine
Kopie, sie wollen unser wahres Wesen spüren und erkennen.
Dann sind wir für sie eine Bereicherung. Der wahrhaftige
und ehrliche Mensch wird überleben. Er wird längerfristig
Erfolg haben, auch wenn die Welt uns glauben lässt, der
Ehrliche sei der Dumme. Peter Bieri schreibt weiter:

„Viele äußere (und innere = meine Anmerkung)
Umwege sind nötig:

- Kulissenwechsel
- neue Erfahrungen
- die Arbeit mit Trainern und Therapeuten...

Die beste Chance, den Kampf zu gewinnen,
liegt in der Selbsterkenntnis."[44]

Selbsterkenntnis, so der genannte Autor, verhelfe uns zum
Glück, ermögliche Glück.

Zur Selbsterkenntnis gehören Zeiten, in denen wir uns über
unsere innere Befindlichkeit Klarheit verschaffen. Überden-
ken wir diese Befindlichkeit immer wieder, warten wir nicht,
bis uns der Körper durch eine Krankheit aufrüttelt. Immer
geht es darum, dass wir Verantwortung für unser Leben
übernehmen. Das kann auch bedeuten: zur richtigen Zeit eine
richtige Hilfe suchen und annehmen. Der Mensch ist mehr
als eine Maschine, die funktionieren soll. Und so kann ich
auch schreiben: Der Mensch ist mehr als ein Leib. Er trägt
eine Seele in sich, was Menschen zu allen Zeiten und in allen
Kulturen gewusst haben. Nur extreme Materialisten leugnen
sie und ersetzen sie durch „Hirnströme", „Nerven" oder „In-
teraktionen von Zellen". Und nur der moderne Mensch hat
sie aus dem Bewusstsein verdrängt, weshalb immer noch ein
absurder Körperkult betrieben wird. Je weniger der Mensch
sich um seine Seele kümmert, desto anfälliger wird sein
Körper für eine Krankheit. Ich habe einmal versucht, die
Seele zu definieren. Sie ist Trägerin der Gefühle. Aber sie ist
ein wirkliches Wesen. Sie ist eine Art „Formleib", ein Urbild
des physischen Leibes. Wir können nie alles durch die Ver-
erbung oder die Gehirnregionen und deren Tätigkeiten erklären. Letztlich wird u.a. die Seele daran erkannt, dass der
Mensch kein Riese wird, sondern eine bestimmte Größe hat.

Die Organe, das wird in einem ganzheitlichen Menschenbild betont, sind gleichsam die Kraftzentren der Seele.

Ein Mensch, der sein wahres Wesen erkennt, übernimmt Verantwortung für sein Dasein. Diese Verantwortung muss gepaart sein mit dem Willen, das eigene Leben zu bejahen und an sich selbst zu glauben.

Sicher kennst du die Geschichte vom verlorenen Sohn, die Jesus einmal den Menschen erzählt hat: Ein Sohn verlangt sein Erbe, verschleudert es dann, während sein Bruder weiterhin beim Vater arbeitet. Ist das Gerechtigkeit? Jesus wollte sagen: Gott ist mehr als gerecht, er ist großzügig. Aber ich will hier nicht länger diese Geschichte deuten, sondern sie weiterspinnen. Wie könnten wir das in unserer Zeit erleben? Nehmen wir an, in einer Familie gibt es zwei Brüder. Die Eltern verlangen von einem Sohn harte Arbeit, während sie den zweiten Sohn verschonen und verwöhnen. Nehmen wir an, du wärst derjenige, von dem sie vollen Einsatz fordern. Würdest du dich dann ungerecht behandelt fühlen? Es mag erstaunlich klingen, wenn ich hier schreibe: Wenn du dich ungerecht behandelt fühlst, geht es dir noch nicht wirklich gut. Wie meine ich das? Selbstverständlich müssen wir im Leben nicht immer alles einfach hinnehmen. Wir dürfen unsere Rechte geltend machen. Aber mir geht es um etwas anderes: Stell dir vor, wie diese Geschichte weitergeht. Und das ist jetzt keine Erfindung, das sind zahlreiche Erfahrungen! Der geschonte Sohn wird nichts, erreicht nichts, hat einmal nichts mehr. Er hat nie gelernt, Verantwortung für sein Leben zu übernehmen. Vielleicht begegnest du ihm einmal auf der Straße und erkennst ihn kaum wieder, weil er ein verwahrloster Penner geworden ist.

Warum hat der arbeitende Sohn nicht alles hingeschmissen? Weil er letztlich seine Situation angenommen hat. Er hat durch seine Selbsterkenntnis gewusst, dass er nur durch eine Arbeit Sinn, Bestätigung und Erfüllung findet.

Es ist kein Wunder, dass Jesus die Geschichte auf Gott bezogen hat. Sie sollte ja ein Bild für den gütigen Vater sein. Deshalb macht ein echtes, seriöses und ganzheitliches Buch über ein Leben mit heiterer Gelassenheit auch nur Sinn, wenn diese religiöse Dimension nicht ausgeblendet wird.

Die wirklichen spirituellen Meister haben deswegen in allen Zeiten auf Gott hingewiesen. Er allein schenkt letztlich Gelassenheit. Wir können diese nicht selber erlangen, aber wir können das Geschenk von ihm dankbar annehmen, indem wir uns für das geschenkte Dasein bedanken.

Im Zusammenhang mit der Selbsterkenntnis schreibt der schon erwähnte Autor Thomas Keating:

„Je mehr Vertrauen du Gott entgegenbringst,
desto besser kannst du die Wahrheit über dich
selbst ertragen."[45]

Wir können auch sagen: Je mehr wir dem Leben vertrauen, desto mehr können wir auch schwierige Situationen annehmen und bewältigen. Viele Menschen haben sich heute innerlich von „Gott verabschiedet". Sie wollen autonom leben. Sie spüren Gott nicht mehr. Ob sie es zugeben oder nicht: Ihnen fehlt etwas. Selbsterkenntnis führt irgendwann zur Gotteserkenntnis. Unser innerstes Wesen ist mit Gott verbunden. Das mag wie eine pauschale Aussage klingen, die ich hier nicht begründen kann. Es ist wieder eine Erfahrung, die jeder und jede nur selber zulassen kann. Und diese Erfahrung schenkt uns wahre Freiheit. Sie schenkt uns darüber hinaus „Vertrauen und inneren Frieden, Ehrfurcht und Freude.“[46]

Keating schreibt weiter:

„Vertiefte Selbsterkenntnis
Führt nicht zu innerer Unruhe,
sondern zu einem Gefühl der Freiheit...“[47]

Das Gebet der Sammlung und die Erkenntnisse des Enneagramms ergänzen sich. Beide vertiefen die Selbsterkenntnis. Keating schreibt aus eigener Erfahrung, wenn er festhält, die Erfahrung des inneren Friedens, den das Gebet der Sammlung uns schenkt, würde bewirken, dass wir mutig die Schattenseite unserer Person annehmen können.[48]

Wer das Gebet der Sammlung oder das Gebet der Stille praktiziert, der wird auch im Alltag Augenblicke der Stille anstreben und zulassen. So wird er mit mehr Frieden und Freude leben. Ein Ergebnis dieses Prozesses wird sein, dass wir toleranter mit uns selbst und mit unseren Mitmenschen umgehen. Weil wir uns getragen fühlen, können wir mehr Geduld aufbringen. Wir halten inne, versuchen die Situation des anderen Menschen zu verstehen und begegnen ihm mit mehr Liebe und Achtung.

Im tiefsten Wesen braucht der Mensch ein Maß Einsamkeit. Das deutsche Wort „all-ein“ bringt zum Ausdruck, dass der Mensch dann im Einklang mit der Welt (dem „All“) ist, wenn er bei sich ist. Das Gebet der Stille hilft uns, dass wir uns selbst ertragen können. Wir leben mit mehr Gelassenheit.

Überhaupt lernen wir durch dieses Gebet, schwierige Situationen anzunehmen, ihnen mit Liebe zu begegnen.

Durch diese Meditation, die ja zugleich ein Gebet ist, lernen wir zudem, die Welt mit neuen Augen zu sehen. Wir können wieder mehr staunen und danken. Wir nehmen den Reichtum und die Vielfalt der Welt wieder deutlicher wahr.

Und wir achten alle Lebewesen, gehen sorgfältig mit dem um, was uns geschenkt wird. Plötzlich freuen wir uns wieder über Kleinigkeiten. Wir leben bewusst und bewusster.

Jede Mahlzeit wird für uns eine kleine Feier sein. Die Umgebung soll stimmen. Wir essen nur noch, wenn wir wirklich Hunger haben, wir wählen die Speisen mit Bedacht. Alles, was wir tun, tun wir bewusster.

Erst wenn der Mensch sich selbst ertragen kann, vermag er den Sinn und den Wert der Gemeinschaft zu erfassen, kann er gemeinschaftsfähig sein. Dann erwacht der Wunsch, dem anderen Menschen wirklich zu begegnen. Wir lassen andere Menschen an unserer Freude teilhaben, gestalten liebevoll eine Einladung. Geteilte Freude ist doppelte Freude! Vielleicht entdecken wir auch die Lust am gemeinsamen Kochen?

Es ist bekannt: Das Auge isst mir. Das ist mehr als ein frommer Spruch! Wir nehmen uns wieder Zeit, den Tisch zu dekorieren, eine Kerze anzuzünden, Blumen hinzustellen.

Wir nehmen uns wieder Zeit, einen Brief zu schreiben, etwas zu malen, auf einem Instrument zu spielen, einfach ein paar Minuten in der Stille zu sein.

Vieles steckt in uns Menschen noch verborgen. Die Meister des spirituellen Lebens haben zu allen Zeiten darauf hingewiesen, wie wir nur einen Teil unseres Potentials nutzen. Eine weitere Frucht des Gebets der Sammlung wird also sein, dass wir uns wieder auf unsere starken Seiten konzentrieren, unsere Talente und Begabungen nutzen.

Wir achten auf unser Zusammensein und Zusammenleben mit anderen Menschen. Wenn von Beziehungen die Rede ist, dann sollten wir die guten Umgangsformen nicht vergessen. Ein schnelles Wort kann Beziehungen belasten oder gar zerstören. Hier geht es um Selbstbeherrschung. Doch wir wissen alle: In Stress-Zeiten fehlt uns oft die nötige Erinnerung an die gute Kinderstube. Das Gebet der Sammlung stärkt unsere Konzentration. Wir werden im Alltag nicht so leicht aus den Bahnen geworfen.

Zum Beispiel achte ich auf die Kleidung einer Person bei einer Begegnung. Nicht etwa, um diese zu bewerten oder zu verurteilen, sondern ich registriere sie ganz sachlich. Am Abend versuche ich mich zu erinnern: Was hat die betreffende Person getragen? Welche Farbe hatte die Hose? Wie hat das Hemd ausgesehen?

Ich kann diese Übung auf das ganze Leben ausweiten: Welche Blume habe ich heute wo gesehen? Welche Botschaft liegt im vergangenen Tag, in den Begegnungen?

Wie gesagt, steigert sich so mein Gedächtnis. Ich bleibe geistig fit. Vielleicht bringt mir diese bewusste Lebensführung auch einmal einen Vorteil: Wenn ich etwas brauche, erinnere ich mich, wo ich es schon einmal gesehen habe.

Tatsächlich können Elemente aus der Theaterpädagogik schon jungen Menschen auf gute Weise Selbsterkenntnis schenken. Vielleicht ist diese unbewusste Ahnung in den Kindern vorhanden, weshalb sie gerne Theater spielen. Aber auch Erwachsene können viel über sich selbst lernen, wenn sie in eine bestimmte Rolle schlüpfen. Dieser Lernprozess beginnt schon mit den Fragen: „Warum liegt mir diese Rolle mehr? Hat sie etwas mit mir zu tun? Bin ich so? Oder bin ich ganz anders? Will ich so sein?

Das vielleicht wunderbarste Geschenk, das wir durch das Gebet der Stille erhalten, ist die Heilung unserer Wunden. Da wir die Liebe Gottes spüren, werden wir geheilt. Schuldgefühle lösen sich in dieser Liebe auf.

Je konsequenter wir die Zeiten des Stillen Gebets einhalten, desto mehr werden wir im äußeren Leben bewirken, desto mehr Kräfte werden wir für dieses zur Verfügung haben, desto mehr werden wir mit heiterer Gelassenheit leben.

In diesem Kapitel habe ich auch die Geschichte vom verlorenen Sohn erwähnt. Solange wir uns mit anderen vergleichen, haben wir uns noch nicht wirklich gefunden. Das Vergleichen ist der erste Schritt zur Selbsterkenntnis. Dann aber dürfen wir dem Leben, unserer Erfahrungen, der geistigen Führung und uns selbst vertrauen und mutig *unseren* Weg gehen. Gerade aus der Tiefe des Stillen Gebets schöpfen wir dieses Urvertrauen. Der bereits zitierte Autor Ferrini schreibt:

„Du leidest, wenn du deiner Erfahrung Widerstand leistest oder sie leugnest.

Du leidest, wenn deine Gefühle und Gedanken über die Ereignisse und Umstände deines Lebens von Negativität und Selbstmitleid bestimmt sind.

Du leidest, wenn du versuchst, irgendetwas oder irgendjemanden in der Außenwelt für die Qualität deines Lebens verantwortlich zu machen."[49]

Hingegen überwindest du dieses Leiden, wenn du grundsätzlich deine Situation bejahst. In der Dankbarkeit findest du Kraft. Wir müssen also wirklich dem Leben für die schwierigen Situationen danken. Sie machen uns stark. In der eben genannten Bejahung und in der Dankbarkeit liegt eine reife Freude verborgen. Und diese Freude ist eine wirkliche Heilkraft!

Diese Heilkraft, die der wahren Freude entspringt, könnte man auch „Erlösung" nennen. Ein erlöster Mensch muss sich nicht mehr tausendfach absichern. Er lebt mit heiterer Gelassenheit.

Selbsterkenntnis kann helfen, Probleme und Sorgen lozulassen: Denn oft ist es eine Verletzung aus der Kindheit, die wir mit uns tragen, die uns eben als Sorge, Angst oder Problem beschwert. Wenn wir erkennen, wer oder was uns früher verletzt hat, können wir einsehen, dass andere Menschen ohne Verletzung frei von dieser Angst oder dieser Sorge leben können. Dann können wir uns sagen: „Auch ich darf die Angst oder die Sorge loslassen." Die Sorge oder die Angst wird vielleicht wiederkommen, aber wir haben ihr „den Stachel genommen". Bejahen wir die Angst, die Sorge, das Problem, sehen wir sie/es als Herausforderung, das unbedingte Vertrauen ins Leben zu erreichen. Lächeln wir darüber und lassen sie/es los, lassen wir sie/es weiterziehen.

Ein Problem/eine Sorge verwandle man in eine positive Aussage. Nehmen wir zum Beispiel an, ein Mensch mache sich Sorgen um seine Zukunft. Dann soll er sich sagen: „Ich vertraue, dass es mir auch in Zukunft gutgeht." Dies wiederholt er mehrmals und spricht es laut aus.

Weitere positive Affirmationen, die helfen:
- „Ich bin zufrieden."
- „Es geht mir gut."
- „Es wird alles gut!"

Am Ende des Tages zähle ich drei Erfahrungen auf, die meinem Leben Sinn geben. Das können Ereignisse sein, die man als nicht außergewöhnlich bezeichnen würde. Jedoch sind deren Summe gerade das, was unser Dasein lebenswert macht: meine Meditationszeit, ein Lächeln, das mir geschenkt wurde, eine Naturerfahrung, eine kleine, gute Tat für einen Menschen, ein Gebet, ein gutes Gespräch.

Die Kunst der heiteren Gelassenheit

8.
Gelassenheit durch
Sinnfindung entdecken!

„Ich glaube, ein Mensch muss einen Glauben
haben oder den Glauben suchen,
sonst ist sein Leben leer, leer...
Entweder man weiß, wozu man lebt,
oder alles ist nichts."[50]
ANTON TSCHECHOW

Hochwasser!!

Es gibt vielerorts Überschwemmungen.

Ein Mann, dicht am Fluss, flüchtet sich auf das Dach.

Der Nachbar kommt mit seinem knallroten Gummiboot:
„Heinrich, komm steig' ein!"

„Nein, ich bin gläubig, Gott wird mich retten!!"

Der Nachbar rudert zum Bürgermeister. Dieser informiert sofort die Feuerwehr. Die Feuerwehr kommt mit einem Schnellboot. Sie will den Mann auf dem Dach retten:
„Nein", sagt er, „Gott wird mich retten, denn ich bin gläubig!"

Der Hauptmann (der Feuerwehr) berichtet dem Bürgermeister:

„Er wollte nicht einsteigen!"

Bürgermeister: „Dieser halsstarrige Müller, immer dieser Müller, dann geh' ich selber zu ihm!"

Der Bürgermeister eilt zum Müller auf dem Dach: „Jetzt sei doch vernünftig und komm herunter, das Wasser steht dir ja schon bis zum Hals!"

„Nein, Gott rettet mich, du Ungläubiger, du wirst es schon sehen!"

„Er ist ertrunken", sagt der Feuerwehr-Hauptmann später zum Bürgermeister.

Herr Müller ist tot. Er kommt zu Gott und macht ihm Vorwürfe: „Ich war jeden Sonntag im Gottesdienst, ich habe wohltätige Organisationen unterstützt, habe dir stets vertraut. Und du hast mich ertrinken lassen?"

Gott antwortet: „Nein, ich hab alles getan, um dich vor dem Ertrinken zu retten: Ich habe dir den Nachbarn geschickt, die Feuerwehr und den Bürgermeister!" Demut ermöglicht Gelassenheit.

Wenn wir nicht die Demut aufbringen, uns von anderen Menschen helfen zu lassen, dann kann uns keiner mehr helfen, nicht einmal der liebe Gott. Wir Menschen sind leider oft durch Prägungen und Gewohnheiten fixiert. Aber auch das andere ist wahr: Sogenannte „Autoritäten" geistern als eine Art „Über-Ich" in unserem unbewussten Wesen herum und verhindern, dass wir ohne Vorurteile an eine Sache herangehen und neue Erfahrungen und Denkmodelle zulassen. Oft ist es deswegen sinnvoll und ratsam, verschiedene Standpunkte kritisch zu überprüfen. Wir dürfen von Experten profitieren, aber selber zu denken macht erst „schlau"! Versteifen wir uns nie nur auf eine Fachperson, als wäre sie ein Guru, sondern ziehen wir noch andere Menschen mit ihrem Wissen und ihrer Erfahrung hinzu. Viele Menschen sind zu stolz, Hilfe von anderen Menschen anzunehmen. Sie versteifen sich, schließen sich selber in einem Gefängnis ein.

 *Ich darf Hilfe annehmen.*

In Colmar befinden sich die weltbekannten Altarbilder des genialen Malers Matthias Grünewald. Ich habe mich viele Jahre lang mit diesen Bildern auseinandergesetzt und zahlreiche interessierte Menschen, darunter auch viele Jugendliche, durch das Museum geführt. Besondere Beachtung finden die Darstellungen der Kreuzigung oder der Auferstehung von Christus. Dieser erscheint im Licht, in einer Sonne. Aber auch die anderen Darstellungen, die Begegnung der Eremiten und die Versuchung des Antonius enthalten tiefe Wahrheiten. Man sieht Antonius, wie er von wilden und unheimlichen Dämonen bedrängt wird. Aber merkwürdig: Er bleibt gelassen. Sein Gesichtsausdruck ist heiter. Wie ist das möglich?

Des Rätsels Lösung finden wir, wenn wir die obere Ecke des Bildes beachten: Dort ist der Himmel geöffnet. Was also wollte uns der Maler sagen? Er wollte offenbaren: Wenn du auch nur einen kleinen Teil des Himmels offen siehst, kannst du Versuchungen und Anfeindungen überstehen!

In unsere Sprache übersetzt: Wenn du einen Sinn im Leben findest, indem du einer geistigen Führung vertrauen kannst, die sich um dich sorgt, dann hast du die Kraft, um (auch) dein (oft schwieriges) Leben zu bewältigen!

Das haben Millionen Menschen erfahren. Das gibt auch in unserer Zeit Millionen Menschen Kraft!

Dämonen gibt es auch heute noch! Lachen wir nicht über die grotesken Figuren, die der Meister Grünewald uns zeigt! Sie verkörpern die Süchte, die negativen Gedanken, die quälenden Ängste, die seelischen und leiblichen Schmerzen! Menschen können tatsächlich an einen Punkt kommen, wo sie solche Dämonen erleben!

Wir verbannen sie ins Unterbewusstsein, ignorieren sie, verdrängen sie. Bis zu einem gewissen Grad ist das möglich, vielleicht sogar nötig. Aber sie können uns auch quälen, wenn wir uns ihnen nicht stellen. Wenn wir sie nicht in den Griff bekommen, dann haben sie uns im Griff.

Hier ist eine vertiefte Erkenntniskraft gefragt:

Was verdrängen wir?

Was bedrängt uns?

Nicht umsonst wird Erkenntnis eine Gabe des Heiligen Geistes genannt. Dieser hilft uns im Kampf gegen die Dämonen. Was wir verdrängen, ist immer noch da. Es rumort, wie angesprochen, in unserem Unterbewusstsein. Wir müssen unsere Sorgen, Ängste und Schwächen ans Licht bringen. Aber wie? Viele ertränken diese Fragen mit Alkohol oder mit anderen Drogen. Die Aufmerksamkeit, das Vertrauen, die Liebe, die ich dir mit dem Buch ans Herz legen möchte, schenken dir das wahre Glück! Vor einiger Zeit hat sich ein Mann geoutet: Er hat Glück und Ruhe gefunden, seitdem er keinen Alkohol mehr trinkt. Aber nicht die Abstinenz allein schenkt ihm diese Gefühle, sondern Meditation und Bewegung, die er durch den Verzicht für sich neu entdeckt hat. Seitdem er so lebt, muss er sich nicht mehr mit anderen Menschen vergleichen. Er ist zu seinem Selbst vorgedrungen oder dringt zu ihm vor. Wer sich nicht nüchtern ertragen kann, der wird seinen Auftrag in dieser Welt nie erkennen. Drogen rauben uns die Freiheit.

 __Der abhängige Mensch grinst verkrampft über das Leben, der freie Mensch lächelt gelassen.__

Die Religionen geben uns Antwort auf die Fragen, die mehr oder weniger bewusst in uns leben. Heute scheinen diese Antworten zu verdunsten. Viele sehen in Menschen, die sich um Tugenden und Werte kümmern, Moralapostel, welche die Welt um jeden Preis verbessern wollen. Doch wie würde die Welt ohne die Tugenden aussehen? Auch die Menschenrechte sind auf der Basis der Tugenden aufgebaut. Sie sind nicht einfach vom Himmel gefallen, sondern von Menschen formuliert, deren Gewissen sich an Sitte und Sittlichkeit orientiert (hat). Ohne Werte und Tugenden würde das Zusammenleben unmenschlich. Von den Tugenden geht eine Lebenskraft aus, wenn sie bewusst gepflegt werden. Sie sind der bewährte „Schulungsweg zur Weisheit". Gleichzeitig bringen sie die Persönlichkeit des Menschen zur Entfaltung. Der tugendreiche Mensch überzeugt, weil er wahrhaftig und authentisch lebt. Er findet sich in allen Lebenslagen zurecht. So gesehen vermitteln gerade die Tugenden echte und beständige Lebenshilfe. Viele Menschen wollen einfache und schnelle Hilfe, das Leben zu meistern. Sie übersehen, dass diese nur durch Anstrengung erobert wird. Die heutige Sehnsucht des Menschen nach „Selbstverwirklichung" zeigt, wie er spürt, dass er mehr aus seinem Leben machen könnte, machen will. Auch die zehn Gebote sind inspirierende Angebote der geistigen Führung, kein Relikt aus längst vergangenen Zeiten, sondern auch und gerade im globalen Zeitalter gültig, ja, hochaktuell: Sie bilden das Fundament des friedlichen Zusammenlebens. Sie sind das Ergebnis von Erfahrungen, die sich im Zusammenleben der Menschen ergeben haben. Sie bilden darüber hinaus gerade für die (monotheistischen) Religionen die Grundlage für ein friedliches Miteinander. Gerade in Zeiten, wo sich Kulturen vermischen, ist die Besinnung auf diese Grundlage dringend nötig und sinnvoll.

Eben habe ich die Bilder von Matthias Grünewald erwähnt, die man heute noch in Colmar bestaunen kann. Auf einem weiteren Bild sehen wir das Gespräch zwischen den Eremiten Paulus und Antonius. Sie strahlen Frieden aus. Grünewald gibt damit eine Antwort auf die Frage, wie das friedliche Zusammenleben gelingt. Auf dem Bild sieht man zu Füßen der Eremiten eine Hirschkuh. Dieses scheue Tier flüchtet nicht, sondern scheint sich in der Gegenwart der Menschen wohlzufühlen. Was will der Maler damit sagen? Diese Männer haben das Tierische in sich erlöst, indem sie es gezähmt und geläutert haben. Sie haben den inneren Frieden gefunden, das Tier muss nicht mehr flüchten, es spürt dies. Und die Menschen haben die Angst überwunden. (Die Hirschkuh symbolisiert die Angst resp. das Vertrauen, wenn die Angst überwunden wird.) Die Angst wird durch Begegnung überwunden. Die beiden hören aufeinander. Sie verstehen die Botschaft des anderen Menschen. Sie begegnen sich auf Augenhöhe. Sie leben aus der Stille und der Meditation. Sie haben eine gemeinsame Basis: der Glaube. Er verbindet sie. Sie lernen voneinander, bereichern einander. So wachsen sie in der Erkenntnis. Sie haben Ehrfurcht voreinander. In Demut nehmen sie die Botschaft des anderen Menschen an. Sie verstecken ihre Schwächen nicht. Sie leben im gegenwärtigen Augenblick.

Demut ist die Kraft des spirituellen Menschen. Durch sie findet er zu dem, was Menschen „Gott" nennen, und über diesen zum Sinn. Denn indem sich die Seele mit Gott vereint, findet sie Sinn. Sie ahnt den Plan der Schöpfung. Sie überwindet die Neigung, aus Bequemlichkeit das Dasein als Zufall zu deklarieren. Sie stellt sich der wahren und ganzen Wirklichkeit, die ohne eine geistige Führung sinnlos wäre. Diese Seele kann lieben und lässt Begegnungen zu.

Wer sich dieses Bild einer gelungenen Begegnung länger betrachtet, wer es auf sich wirken lässt, der wird sich sagen: „Wenn ich einem Menschen lange genug zuhöre, wenn ich mich wirklich für ihn interessiere, lerne ich eine neue Sicht des Lebens kennen, offenbart sich mir eine neuen Dimension des Daseins. Mein Blick für das Leben verändert sich, erweitert sich. Ich erkenne, wie die Unterschiede wertvoll sind und mich zur Wahrnehmung des Ganzen führen."

Wer sich lange Zeit eingehend mit den Bildern von Matthias Grünewald und mit dem im letzten Kapitel genannten Enneagramm befasst, der wird auf den Bildern alle erlösten Typen erkennen. Dieser Maler muss also auch ein großer Menschenkenner gewesen sein! Ich habe einmal ein ganzes Buch darüber geschrieben.

Die eingangs geschilderte Geschichte vom Mann, der ertrank, weil er keine Hilfe annehmen konnte, regt auch an, darüber nachzudenken, ob Gott nicht doch noch mehr Möglichkeiten hat, uns zu helfen. Der spirituelle Mensch muss nicht nur auf Menschen vertrauen, er vertraut einer höheren Macht oder höheren Mächten. Er weiß sich geborgen in einer Wirklichkeit, die sein Leben übersteigt. Dabei geht es nicht einfach um eine Verlängerung des irdischen Daseins, es geht um mehr: Es geht um mehr *Leben*! Vielleicht ist es das, was Christen mit „Auferstehung" umschreiben.

Was feiern denn heute noch so viele Millionen Menschen an Ostern? Was ist mit „Auferstehung" gemeint? Geht es dabei „nur" um ein Leben nach dem Tod? Wir ahnen, dass „Auferstehung" viel mehr meint. Auferstehung vollzieht sich immer, im Hier und Jetzt. Kurz: Gerade auch im Leben vor dem Tod. Das ist ja gerade der Kern der christlichen Botschaft: Gottes Sohn ist auf die Erde, in unsere Wirklichkeit, in unseren Raum und in unsere Zeit gekommen. Christus kommt in unserer Zeit. Er schenkt uns Erlösung. Was bedeutet das eigentlich? Man könnte viel darüber schreiben. Mir ist es wichtig, hier zu betonen, dass Erlösung im Hier und Jetzt geschieht, wenn sie für uns Bedeutung haben soll. Wenn Christus für uns die Macht des Todes gebrochen hat, dann ist dies ein wesentlicher Teil unserer Erlösung. Wie viele Menschen fürchten sich doch vor dem Tod oder verdrängen ihn. Der erlöste Mensch braucht sich nicht mehr vor dem Tod zu fürchten. Unsere Einstellung zum Tod ist somit ein Gradmesser der Erlösung. Auch hier geht es wieder um das Loslassen. So spricht der Mystiker: „Wer nicht stirbt, bevor er stirbt, der verdirbt, wenn er stirbt." Damit ist gemeint: Wer nicht loslässt, was ihn bedrückt, wer die Angst nicht loslässt, der ist schon gestorben! Und wer Angst hat vor dem Tod, der kann nicht mit Freude leben. Deshalb ist Gott selber Mensch geworden und hat den Tod überwunden.

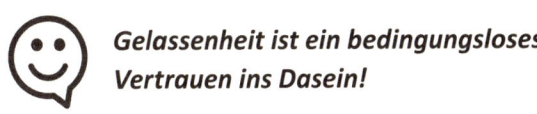

***Gelassenheit ist ein bedingungsloses
Vertrauen ins Dasein!***

Buddhisten sagen, das Vertrauen gebe ihnen Energie. Das können Christen auch sagen, das können eigentlich alle Menschen erfahren: Wer Vertrauen ins Leben hat, der lebt mit Energie. Wer zudem Vertrauen in die geistige Führung hat, der erfährt Geborgenheit. Durch das Bewusstsein der Wirklichkeit einer höheren Führung wird der Mensch von seinem egoistischen Selbst befreit, was ihn eigentlich hindert, wirklich glücklich zu sein. Ein spiritueller Mensch lernt, sich selbst loszulassen. So übt er Vertrauen ein. Ich erinnere einmal mehr an das Stille Gebet, das in diesem Zusammenhang entscheidend ist.

***Jeder Augenblick des Stillen Gebets
schenkt dir ein Stück Erlösung!***

Immer wieder meinen Christen, sie könnten sich nicht selbst erlösen. Dem stimme ich zu. Doch scheinen mir viele Christen einen unerlösten Eindruck zu machen. Woran liegt das? Es liegt wohl daran, dass sie die Erlösung nicht oder noch nicht annehmen können. Üben wir täglich in der Stille ein, dass wir getragen werden. Besinnen wir uns auf die Kraft in uns, auf das göttliche Licht. Gott lässt uns die Freiheit, er schaltet uns nicht um. Es liegt an uns, das Geschenk der Erlösung anzunehmen.

Der oben schon erwähnte Arzt und Autor Wladimir Lindenberg, der mit seinen Büchern unzähligen Menschen Rat und Sinn vermittelt hat, zitiert in seinem Buch „Das Mysterium der Begegnung" einen Bischof, der einmal geschrieben hat:

„Der Mensch ist für die Freude und für das Glück geschaffen worden, und nur durch tägliche Übungen der Selbstüberwindung vermag er zur Freude und zu einem Zustand zu gelangen, aus dem er Freude und Licht für seine Umgebung und die Welt ausstrahlt."[51]

Würde das gelingen, so strahlt der Mensch ein Licht aus, das manches in der Umgebung verändert, „sogar die Menschen erscheinen anders, gütiger und gelassener!"[52] Hier bin ich wieder bei der Wechselwirkung: Die Welt reagiert auf unser Verhalten, aber eben auch auf unsere Ausstrahlung. Wir Menschen nehmen mehr voneinander wahr, als wir im Alltag gewöhnlich spüren.

Christus wird Erlöser genannt. Er erlöst uns von dem Dunkeln, von der Angst, von dem Bösen, von der Gottabgeschiedenheit. Er allein könnte uns von dem erlösen, was uns belastet, was wir nicht selber ablegen können. Dazu brauchen wir Demut. Stell dir vor, er wäre nur für dich alleine gestorben, um dich zu erlösen, um als höherer Mensch in dir geboren zu werden! Nimm seine Liebe an, sie wird dir zu Glück und Freude, vor allem zu mehr Gelassenheit verhelfen!

Wenn du dich auf eine bestimmte Vorstellung, auf eine Idee über das Glück versteifst, dann beschränkst du dich. Du wirst unter Umständen das Glück verpassen. Nimm dankbar an, was dir angeboten wird und bleib offen!

Christus hat gesagt: „Ich bin gekommen, damit die Menschen Leben in Fülle haben." (Vgl. Joh. 10,10) Im Johannesevangelium lesen oder hören wir, wie Christus sagt: „Eure Freude soll vollkommen sein." (Vgl. Joh. 15,11)

Auch der große Mystiker Paulus, der Christus begegnet ist, mahnt uns zur Freude: „Freut euch zu jeder Zeit!" Und er wiederholt: „Noch einmal sage ich: Freut euch!" (Phil. 4,4) Dies schreibt er, obschon er oftmals hart bedrängt worden ist. Er hat Schiffbruch erlitten, hat Hunger und Durst gehabt, er hat Strapazen auf sich genommen, ist eingesperrt und gefoltert worden. Gerade mit der Kraft des Glaubens und des Vertrauens konnte er die Freude im Herzen bewahren.

 ### Gott will uns Freude schenken!

Es gibt eine Erlösung, die uns nur Gott durch die Beziehung zu Christus schenken kann, was bedeutet: Das Dunkle, das Leere, das, was uns Angst und Sorgen macht, löst sich in der Osterfreude auf. Es löst sich in der Beziehung zu Christus auf. So einfach das klingt, so wahr ist es. Es gibt keine Alternative zum Erlöser Jesus Christus, wie es auch keine Alternative zur Erlösung gibt. Entweder lassen wir sie zu, oder wir bleiben in der Angst, in der Traurigkeit und in der Leere. Es ist keine Lösung, diese zu verdrängen, indem wir uns ablenken oder zu Tode amüsieren.

Viele Menschen leben heute mit einer inneren Leere. Sie finden keine richtige Erfüllung am Arbeitsplatz. Oder sie leiden unter Einsamkeit oder fühlen sich ausgebrannt und unter Druck. Was ist die tiefere Ursache dafür? Man könnte dieses Phänomen mit einem Ofen vergleichen: Das Feuer ist erloschen. Der Ofen ist leer und kalt. Die allertiefste Ursache ist wohl die, dass der Mensch sich nicht mehr als geistiges Wesen wahrnimmt. Somit fühlt er sich vom Geistigen in der Welt getrennt. Er nimmt nicht mehr wahr, dass die Welt mit Gottes Geist gesättigt ist, dass Gottes Geist die Welt durchdringt. Unbewusst spiegelt sich in vielen Menschen unserer Leistungsgesellschaft die scheinbare Leere dieser Welt. Doch die Welt ist eben nur scheinbar leer. Viele empfinden diese Leere, weil Gott sich nicht aufdrängt, sondern finden lässt. Gott nimmt unsere Freiheit ernst. Gott kann man nur finden, wenn man an das Gute glaubt. Denn Gott ist gut, ist reine Güte. An das Gute glauben kann aber nur, wer an sich selbst glaubt. Gott lässt uns die Entscheidung, dies einzusehen. Eine Wahrheit hat für uns nur Bedeutung, wenn wir sie selber suchen und finden. Diesen Gott hat Christus verkündet und durch sich gezeigt. Er hat sich auch nach der Auferstehung den Menschen nicht aufgedrängt. Ein gutes Beispiel dafür ist Maria: Sie ist ans Grab gegangen. Er hat auf sie gewartet. Er hat sich von ihr finden lassen. Erst als sie diesen inneren Schritt getan hat, konnte und durfte er sie ansprechen. Er hat sie ganz persönlich mit ihrem Namen angesprochen. Es ist ergreifend, dies zu lesen oder zu hören! So möchte Christus jeden von uns persönlich ansprechen.

Er wartet auf uns mit seinem Angebot. Das aber bedeutet: Nur ein bewusster Entscheid unsererseits kann bewirken, dass wir Erlösung erfahren. Nur indem wir uns hinwenden zu einer geistigen Wirklichkeit, zur Dimension des Auferstandenen, werden wir Erlösung zulassen. Wir werden unsere Grenzen bejahen können und die materielle Wirklichkeit nicht überbetonen. Denn indem wir eine Beziehung zu Christus eingehen und pflegen, lassen wir zu, dass er unsere innere Leere und Sinnlosigkeit auflöst. Ich glaube, zur stärksten Sehnsucht des Menschen gehört die Beziehung zu dem Wesen, das die Wahrheit und die Liebe verkörpert. Diese Sehnsucht dringt oft nicht bis ins wache Bewusstsein. Deshalb begnügen sich Menschen mit dem Schein.

In einem früheren Kapitel habe ich darüber geschrieben, dass wir einen Menschen verlieren, wenn wir ihn nicht mehr suchen. So ist es auch mit Gott: Wir verlieren ihn, wenn wir aufhören, ihn zu suchen. Wir verlieren mit dieser Bindung auch die Verbindung zu unserem wahren Wesen, wir verlieren unser göttliches Wesen, unser Ich. Wir lassen uns nicht mehr von ihm herausfordern. So verkümmern unsere Kräfte. Alle großen Menschen haben um den Wert und die Kraft des Betens gewusst. Spirituelle Menschen wissen, dass sie mit dem Gebet ihre Sorgen, Ängste und Nöte Gott übergeben können. Dieses Loslassen haben wir als eine entscheidende Bedingung für ein Leben mit heiterer Gelassenheit erkannt. Dazu gehört auch die Einsicht, dass die Liebe Gottes, die Liebe, die uns geschenkt wird, immer stärker ist als die Liebe, die wir aus eigener Kraft aufbringen. Oder anders formuliert: Die Liebe, die wir verschenken, ist uns selbst geschenkt worden. Es ist immer noch mehr Liebe in uns, als wir glauben. Wir können immer noch mehr lieben, als wir uns vorstellen. Die Liebe, die wir mit unserer menschlichen Kraft und Erfahrung aufbringen, würde nicht ausreichen, wenn nicht eine höhere Macht, die Menschen als „Gott" bezeichnen, durch uns wirken würde. Nur so lässt sich erklären, dass Menschen aus Mitgefühl und Selbstlosigkeit handeln. Und es wird einmal mehr klar: Es steckt ein Potenzial in uns, das wir nicht oder noch nicht ganz ausschöpfen.

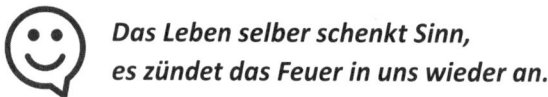

***Das Leben selber schenkt Sinn,
es zündet das Feuer in uns wieder an.***

Ein Leben mit heiterer Gelassenheit wird möglich, weil Gott bewirkt, dass wir uns nicht immer nur um uns selber drehen müssen. Wir geben unserem Leben einen Sinn, indem wir nach unseren Möglichkeiten Christus nachfolgen. So wie Christus in der wahren Freude gelebt hat, weil er in einer tiefen Beziehung zu seinem Vater war, so können wir die tiefe Freude erfahren durch die Beziehung zu Christus.

Alle anderen tausend Angebote von Lebenshilfe bleiben letztlich kraftlos und erfolglos, wenn diese Beziehung ausbleibt. Denn nur Gott weiß, was wir im Innersten ersehnen und wollen. Und in seinem Mensch gewordenen Sohn zeigt er es uns. Durch die verbindliche Beziehung zu Christus wird uns klar, was wir wirklich brauchen und wollen, was wirklich zählt. Diese Beziehung befreit uns vom Wahn, immer noch mehr zu wollen und dabei zu übersehen, was wir schon alles haben. Wenn wir uns für ein Leben mit Jesus Christus entscheiden, dann ziehen wir eine Brille an. Diese Brille besteht aus den zwei Gläsern Dankbarkeit und Freude. Durch diese Brille üben wir ein, Gottes Geist in all seinen Ausgestaltungen zu sehen. Dankbarkeit und Freude, die wir täglich einüben, öffnen unsere Augen für das verborgene Geistige in der Welt. So spüren wir auch immer deutlicher, wie uns die Traditionen unseres Glaubens halten. Nur wer seinem Leben Gehalt gibt, erfährt, wie er gehalten wird. Dieser Gehalt und dieser Halt werden uns in der Kirche und in den christlichen Gemeinschaften immer neu angeboten. Sie geben uns einen zusätzlichen Halt, den wir uns alleine so nicht geben könnten. Dankbarkeit und Freude lassen den

Wunsch in uns erwachen, das Leben in der Gemeinschaft zu deuten und zu feiern. Der christliche Jahreskreis, das Mitgehen in der Gemeinschaft, die Liturgie lassen uns spüren, dass schon unsere Zeit hier auf Erden beseelt ist, beseelt von einem Wesen, das wir Christus nennen. Und wir spüren so immer besser, wie dieses Wesen jeden Tag mitgeht und uns zur Liebe befähigt, uns und die ganze Welt umfängt und trägt. So dürfen wir mit Gelassenheit und Vertrauen unsere Lebenswege gehen.

Die Frucht von Dankbarkeit und Freude ist Gelassenheit!

Durch Christus spüren wir immer besser, was wirklich zählt, was wir uns wirklich im tiefsten Wesen wünschen. Eine Verbindung zu Gott ermöglicht eine Verbindung zu unserem wahren Wesen. So wird die Aussage bestätigt: Wer an Gott glaubt, kann erst wirklich an sich selbst glauben. Wer wirklich heitere Gelassenheit erfahren will, der braucht Ausdauer und Verbindlichkeit. Alles andere wäre ein Trugbild, eine billige „Kuschelspiritualität", wie sie heute massenhaft angeboten wird.

Eines der Hauptfeste der Christen ist Weihnachten. An den entsprechenden Tagen feiern die gläubigen Menschen nicht „nur" die Geburt des Gottessohnes, sondern damit auch den heiligen Neubeginn. Unser inneres Wesen wird in jedem Augenblick neu geboren. Vertrauen wir dem Leben! Um diese Zeit habe ich einmal geschrieben:

Moment mal
Eine scheinbar unwichtige Bewegung:
einmal anhalten, das stehende Bild aushalten,
zulassen und innehalten,
die Krippe mit dem kleinen Kind,
den Eltern, den Tieren betrachten,
wie eine Mutter dem Wunder des Lebens
in die Augen sehen,
wie ein Kind hilflos, offen sein,
noch etwas vom Leben erwarten,
wie ein Vater, wie eine Mutter die Beziehung
in Verantwortung wahrnehmen,
das Kind im eigenen Wesen leben lassen
und Fantasie entwickeln,
wie Hirten staunen, singen und loben,
wie Könige bewirten und achten,
einen Menschen herausfordern, begleiten,
beschützen, lieben,
auf den Engel hören und Hilfe annehmen können,
Schritt für Schritt weitergehen im Vertrauen,
Mensch zu sein und zu werden

Zum Schluss möchte ich eine Erfahrung anfügen, die ich einmal in folgende Worte gekleidet habe:

Seligkeit
Plötzlich ist es still
Der letzte Tropfen ist gefallen
Die Stimmen endlich verklungen
Nur ein Specht klopft nach seinem Mahl
Dein Herzschlag antwortet treu und leise.

Du bist da
Der Atem Gottes umweht dich
in der Ruhe des Daseins
Das große Ich-bin
atmet dich ein –
atmet dich aus.

Finde den Mittelweg zwischen Aktion und Kontemplation und du wirst glücklich. Denn im tiefsten Herzen sehnst du dich nach den beiden Seiten.

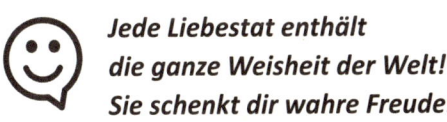 *Jede Liebestat enthält*
die ganze Weisheit der Welt!
Sie schenkt dir wahre Freude!

Nimm dein Leben als Geschenk an – und du erfährst Glück und Freude!

Ein Fehler, ein Irrtum, eine Sünde ist es, wenn der Mensch einen anderen Menschen von einer Liebestat abhält oder sie nicht ausführt. Er verhindert ein Stück Erlösung der Welt.

Nur wenn du das Leben, die Menschen, alle Wesen und dich selbst liebst, bist du ganz bei dir, bist du mit einem innersten Wesen im Einklang mit der Welt, bist du ganz wach!

Zur Erinnerung: Am Anfang habe ich versprochen:
Wenn du Achtsamkeit, Vertrauen und Liebe
einübst, so wie es in diesem Buch beschrieben wird,
wirst du Freude, Mut und Sinn ernten!
Nun geht es darum, dass du diese Einsichten im
Leben anwendest, *indem du sie lebst.*

Du bist in der besten Gesellschaft, wenn du Achtsamkeit, Vertrauen und Liebe einübst. Nichts anderes haben die großen spirituellen Meister und Lehrer gelebt und verkündet: von Sokrates über Jesus, Buddha, Franz von Assisi, Gandhi bis zum Psychologen Erich Fromm, um nur einige wenige zu nennen. Das Einüben von Achtsamkeit, Vertrauen und Liebe kommt mit dem Ende dieses Buches nicht zum Abschluss. Es handelt sich dabei um einen lebenslangen Prozess. Achtsamkeit, Vertrauen und Liebe wollen jeden Tag neu erobert werden. Viele neue Situationen sind Herausforderungen für sie. Vielleicht hast du bemerkt, dass es in diesem Buch nicht um irgendein Vertrauen, irgendeine Freude oder irgendeine Liebe gegangen ist. Es ging und geht um die tiefe und reife Liebe, um ein begründetes Vertrauen, um eine andauernde Freude. Diese Freude kommt aus dem Herzen und findet immer wieder dorthin zurück. Sie entsteht aus dem Staunen über die Wunder des Lebens, aus dem Interesse an allen und allem, durch das Leben im Hier und Jetzt.

Vor vielen Jahren gab es einmal ein Buch, darin wurde behandelt, dass das männliche Geschlecht „sich lieben lässt". Ich habe mich damals gefragt, warum dieses Buch eine überdurchschnittliche Beachtung gefunden hat. Meine Antwort: Weil es außer den verschiedenen Einsichten wohl schon mit dem Titel die bedeutungsvolle Wahrheit betont: Der Mensch darf sich geliebt fühlen! Wer sich in der Liebe erkennt, der ist erlöst und heiter. Du bist immer in der Liebe des Universums! Nenn es Gott, nenn es Kosmos, nenn es Leben! Du bist durch und durch geliebt. Das ist die Wahrheit. Das ist Erleuchtung. Wenn du das spürst und erkennst, wenn das in dir Fleisch und Blut wird, dann findest du Glück, Frieden, Sinn, dann erfährst du **heitere Gelassenheit**!

9.
Heitere Gelassenheit
einüben!

Wenn du aufhörst
nach dem Sinn des Lebens zu suchen,
wirst du den Sinn fürs Leben verlieren.
URS-BEAT FRINGELI

Wer unsere heutige Welt verstehen will, wird wohl nach einer langen und intensiven Analyse des heutigen Menschen
und der modernen Gesellschaften erkennen:

Die häufigsten Ursachen vieler Probleme der Menschen in
den sogenannten westlichen Industrienationen (also in den
reichen Ländern) sind:

1. Sie leben unverbindlich.
2. Sie leben ohne Sinn.

Wer keine Verbindung mehr hat, der verliert sich; wer keine
Anbindung mehr hat, der lebt mit der Angst, einmal abzu-
stürzen, sich zu verlieren. Ohne Sinn und Verbindlichkeit
lebt der Mensch oberflächlich. Letztlich gibt es auch keine
wahre Freiheit ohne ein Mindestmaß an Verbindlichkeit.
Ohne diese verliert sich der innere Mensch.

Wer ohne Sinn lebt, der hat auch kein Ziel.
Wer kein Ziel hat,
der kann keinen sinnvollen Weg gehen.

Im tiefsten Wesen sucht der Mensch nach Antworten auf die Fragen, woher er kommt und wohin er geht. Deshalb gehört das Gehen eines spirituellen Weges zur Erfahrung des Glücks. Oder anders gesagt: Kein ehrlicher Mensch kann ohne Spiritualität wirklich glücklich sein. Sie ist die „Nahrung des geistigen Menschen". Doch um Glück durch Spiritualität erfahren zu können, braucht es eine *verbindliche* Spiritualität. Diese kommt nicht ohne die Einsicht aus, dass die geistige Führung auch mit der inneren Entwicklung des Menschen rechnet.

Der gläubige oder spirituelle Mensch lebt demnach immer mit einem Vorteil:

Er fühlt sich angebunden. Deshalb habe ich in meinem Buch „Sinn finden auf der Fahrt des Lebens"[53] als Schlusssatz und Fazit geschrieben:

Wenn wir unserem Leben Gehalt geben,
fühlen wir uns gehalten.

Wenn wir Sinn suchen, finden wir Sinn. Und dann erkennen wir: Das Leben ist ein Auftrag. Diese Erkenntnis schenkt uns ein tieferes Glück, das weder Wohlstand noch Reichtum uns schenken können. Wir nehmen dann unser Leben in die Hand, wir sind dann frei. Und Freiheit ist die Bedingung des Glücks! Diese Freiheit befreit uns von falschen Bindungen, von Fesseln. Wir entwickeln den Mut zu Veränderung, wenn es uns nicht gutgeht. Wir blicken gelassen in die Zukunft.

Deshalb kann nur die Erkenntnis, dass es ein Wesen gibt, das uns letztlich mehr Glück und Freude schenkt, als es das irdische Dasein gibt, uns ein erfülltes Leben ermöglichen. Weil es uns übersteigt, bietet es uns die Möglichkeit, immer weiter zu wachsen, noch mehr Glück und Frieden, vor allem eben Gelassenheit zu finden.

Es gibt heute viele Bücher, die das Thema „Geistige Führung" behandeln. Viele überzeugen nicht, weil diese Führung nichts fordert. Sie spricht nur davon, dass wir behütet sind. Sie verschweigt, dass wir selbst alle Kräfte mobilisieren sollen, die uns ein glückliches und erfülltes Leben ermöglichen. Sie fordert uns nicht heraus. Somit bringt sie uns nicht viel, schon gar nicht tiefe Erfüllung und somit auch kein wahres Glück. In schwierigen Situationen vermag sie uns nicht wirklich Halt zu geben, weil dann unter Umständen die Zweifel stärker sind. So wie der moderne Sozialstaat letztlich nicht hilft, wenn er nichts fordert, hilft auch der Engel nicht, den wir uns wünschen, der nur unseren Egoismus befriedigen soll. Denn das macht Menschen nicht glücklich. Ehrliche und wirklich suchende Menschen spüren: Das ist doch eine Lüge, da lügen wir uns an. Wenn es wahr ist, dass wir einen Auftrag haben, dann wollen wir auch aktiv werden und unsere Verantwortung ernst nehmen. Die wahre und seriöse Spiritualität beinhaltet die Einsicht, dass wir hier auf Erden sind, um die Liebe zu verbreiten, um Liebe zu verschenken. Diese Liebe aber können wir nicht im Supermarkt kaufen. Sie ist oft mit Anstrengung und Hingabe verbunden. Sie zeigt sich im Alltag, im Zusammensein und Zusammenleben.

Die Liebe, die wir verschenken, macht uns glücklich, weil wir dann nicht an unsere Sorgen denken müssen. Die Hingabe befreit uns von unseren Ängsten und Sorgen. In der Hingabe vergisst du deine Sorgen. Du drehst dich nicht mehr nur um dich. Gleichzeitig erhalten wir vom Leben immer mehr zurück, als wir uns erhoffen. Der wahre Mensch will lieben. Durch die Liebe findet er Sinn und Erfüllung.

Im Vaterunser, dem tiefen Gebet der Christen, finden wir die Worte „dein Reich komme". Sie zeigen diese Hingabe. Menschen bringen damit die Hoffnung zum Ausdruck, dass sich das göttliche Leben immer mehr durchsetzt. Oft sehen wir es nicht, oft wird es noch verdeckt. Christen beten aber nicht einfach: „Dein Reich kommt". Sie spüren, dass es bis zu einem großen Teil von ihnen selber abhängt, ob Menschen gut leben können oder nicht. Nur durch Hingabe gelingt das Zusammenleben.

Und jeder und jede, der oder die die Wirklichkeit nicht verdrängt, muss zugeben, dass unser Leben letztlich kein Zufall sein kann. Wenn unser Leben aber kein Zufall ist, dann will die geistige Führung durch unsere Aktivität uns zu einem Leben mit heiterer Gelassenheit führen. Sie liebt uns. Wenn Menschen heute sagen, die Religionen, die letztlich alle diese Führung meinen, seien für uns Menschen heute nicht mehr relevant, dann täuschen sie sich oder lügen sich an. Der Mensch ist und bleibt ein religiöses Wesen. Entweder haben solche Menschen die wahre Liebe und die wahre Religion nie kennengelernt, oder sie konnten sich nicht darauf einlassen. Viele sind auch enttäuscht worden. In manchen Fällen waren wohl auch die Vertreter zu wenig überzeugend oder eben zu wenig „glaubwürdig". Ein gesunder religiöser Mensch ist offen und dialogfähig. Er anerkennt die Ergebnisse der modernen Psychoanalyse, lässt sich von ihr seine Komplexe aufdecken und lässt sich heilen. So dringt er zum

Wesen der wahren Liebe vor. Die wahre Liebe durchdringt das ganze Leben. Sie lässt die Tugenden aufblühen. Ein Vergleich: Die Liebe ist das Licht, die Tugenden sind die Farben. Schon Laotse hat sie beschrieben:

Es gibt nur eine Großmacht auf Erden, das ist die LIEBE
Pflicht ohne Liebe macht verdrießlich
Wahrheit ohne Liebe macht kritiksüchtig
Erziehung ohne Liebe macht widerspruchsvoll
Klugheit ohne Liebe macht gerissen
Verantwortung ohne Liebe macht rücksichtslos
Gerechtigkeit ohne Liebe macht hart
Freundlichkeit ohne Liebe macht heuchlerisch
Ordnung ohne Liebe macht kleinlich
Sachkenntnis ohne Liebe macht rechthaberisch
Macht ohne Liebe macht gewalttätig
Ehre ohne Liebe macht hochmütig
Besitz ohne Liebe macht geizig
Glaube ohne Liebe macht fanatisch
Wehe denen, die in der Liebe geizen!
Wozu lebst du, wenn du nicht lieben kannst?

Unsere Liebe reicht zur Verwandlung und Erleuchtung unseres Wesens nicht aus. Aber durch uns scheint die Liebe eines höheren Wesens. Diese Liebe ermöglicht uns, das zu tun, was wir uns weder zutrauen noch vorstellen können. Wir sind also tatsächlich „begnadet". Auch wenn dieses Wort schon sehr alt ist, so hat es auch und gerade in unserer Zeit eine tiefe Bedeutung. Dieses eben genannte Wesen, das uns das Leben in Fülle schenken möchte, ist uns näher, als wir uns selber sind. Es vermittelt letztlich Gelassenheit.

Seine Liebe schenkt Sinn. Oder meinst du wirklich, dass die paar Jahren auf Erden schon alles waren? Ich muss hier nochmals einen Gedanken aufgreifen: Viele verdrängen heute den Glauben an Gott, weil der Glaube an ihn (wie sie meinen) unbequem ist. Sie lehnen sein Angebot ab. Sie vermuten eine veraltete Moral, Gebote und Gesetze. Sie verkennen, dass er mit seiner Botschaft Sinn und damit Freude und Kraft vermitteln will. Denn mit Sinn leben, wie es hier geschildert worden ist, bedeutet letztlich wirklich glücklich leben! Sinn durch Spiritualität verleiht unserem Dasein Gehalt und Fülle, Freude und Erfüllung. Sinn schenkt auch Geborgenheit und Vertrauen ins Leben. Sinn gibt Kraft. Genau das wollen Gott, Christus, der Heilige Geist, die Engel und die sogenannten Heiligen, Propheten und Mystiker uns schenken.

Deshalb weise ich hier auf eine entsprechende Aussage hin. Dieses Zitat über Gott stammt vom Philosophen Ludwig Wittgenstein:

„An einen Gott glauben heißt sehen,
dass das Leben einen Sinn hat."[54]

Zusammengefasst bedeutet ein Leben mit Sinn ein glückliches Leben; es ermöglicht ein Leben mit heiterer Gelassenheit!

Das zwanzigste Jahrhundert hat unbewusst den verlorenen Gott gesucht. Ein gutes Beispiel ist die moderne Seelenkunde „Psychologie". Freud fand den (Haupt-) Antrieb des Menschen in der Freude („Lust"), Adler in der Selbstbehauptung („Macht"), Frankl im Sinn. Gott, als Vater, Sohn und „Geistin", ermöglicht alle drei. Selbstbehauptung, Freude und Sinn. So ist das Suchen und Finden Gottes das, was Menschen zum wahren Leben bewegt.

Suche Gott, finde dich!
Finde Glück und Gelassenheit!

Die folgenden drei Merkzettel sind wie ein Konzentrat des vorliegenden Buches. Wenn du so lebst, wird es dir mit der Zeit gelingen, zum Leben mit mehr Gelassenheit zu erwachen. Sie wollen eine praktische Hilfe sein.

Merkzettel Nr. 1

Nimm teil am Leben, durch Arbeit, Kreativität, Kunst, Natur, Literatur!

Pflege Beziehungen, Freundschaften, rede mit Gott!

Engagiere dich ehrenamtlich! Das schenkt dir mehr Glück!

Finde Sinn, indem du das Leben deutest und feierst. Suche dir eine entsprechende Gemeinschaft.

Lass dich immer wieder überraschen und herausfordern. Gehe neue Wege.

Sei humorvoll und lache über dich selbst!

Denke stets positiv, glaube an das Gute, bleibe dir und anderen treu und halte durch!

Vertraue, dass du die Kräfte in dir hast, die du brauchst.

Lerne vom Kind: Schau das Leben durch seine Augen an. Es eröffnet dir Perspektiven, die du vergessen und verdrängt hast. Spiele wieder mehr!

In Abwandlung eines bekannten Gebets können wir einüben:

„Situationen, die ich nicht ändern kann, nehme ich gelassen hin. Situationen, die ich ändern kann, ändere ich. Ich erkenne, ob ich die Situation ändern kann oder nicht." Du kannst aber auch Gott oder deine geistige Führung bitten, dass er/sie dir dabei hilft!

Vertraue darauf, dass du mit den Aufgaben und Herausforderungen wachsen wirst. Du hast genug Kraft, um sie zu bewältigen, denn deine Führung will dich so stärken und zum Glück führen.

Wer längere Zeit mit einem solchen „Merkzettel" lebt, dem kann es passieren, dass er aus Gewohnheit den Inhalt gar nicht mehr richtig „hört". Er ist dann wie abgenutzt und verliert an Wirkung. Deshalb habe ich einen zweiten und einen dritten „Merkzettel" verfasst. Ich empfehle, von Zeit zu Zeit diese zu lesen:

Merkzettel Nr. 2

Lebe einfach und genieße den Augenblick! Achte auf deine Erwartungen. Erwarte nie zu viel. Dann wird dich das Leben überraschen. Freu dich über die Vielfalt und Schönheit des Lebens, über die wunderbaren Erscheinungen der Welt. (Frage dich, ob Besitz dich belastet. Was kannst du tun?) Besitz kann uns belasten. Passen wir auf, dass wir beim Streben nach „mehr" nicht übersehen, was wir bereits haben.

Lobe deine Mitmenschen und bestärke sie in ihrer Absicht, Gutes zu tun und sich kreativ zu entfalten. Lobe dich selbst! (So übst du ein, das Gute in den Menschen zu erkennen. Du machst dir bewusst, was dir gefällt.)

Verschenke Liebe und Freude. (Und du findest Freunde, empfängst Liebe und Freude.) Liebe, ohne Bedingungen daran zu knüpfen. Aber erkenne deine Grenzen. Lass dich nicht ausnützen.

Verzichte auf Belehrungen und Interpretationen. Lass andere ihre Wege gehen. Urteile nicht über sie. Aber stehe ihnen mit deinem Rat, der aus der Erfahrung stammt, zur Verfügung, falls sie dich darum bitten. Nimm die Menschen so, wie sie sind.

Lass nicht zu, dass andere Menschen deine Gedanken beherrschen. Vergib ihnen.

Denke stets positiv, glaube an deine Kraft und vertraue deiner Führung. Achte auf deine Gefühle. Sei spontan. (Erkenne Gewohnheiten, Verhaltensmuster, die dich einschränken.) Sei offen für neue Erfahrungen, sei lernbereit.

Lächle oft und sei bereit für Kommunikation. Jede Begegnung ist eine Chance, etwas zu lernen.

Lass los, was du nicht ändern kannst. Achte deine Grenzen. Sorge dich nicht. Übergib es Gott oder der geistigen Führung. Nimm Situationen hin, begreife sie als Herausforderung und widersetze dich nicht ständig. Betrachte sie liebevoll. Bejahe das Unvollkommene. Sei gut zu dir selbst!

Schalte Pausen ein und teile größere Aufgaben auf.

Verweile an Kraftorten in der Stille. Durch die Stille erfährst du das Glück des Daseins!

Fühle dich mit der Welt und den Menschen verbunden. Nimm wahr, wer mit dir lebt. Entdecke das Gute in ihm/ihnen. Vermeide Konflikte, gib Fehler zu. Sei nicht nachtragend. (Sonst schleppst du eine unnötige Last mit dir herum.) Lerne aber auch, alleine zu sein, reserviere dir Zeiten der Stille und der Meditation.

Segne andere Menschen und bete für sie.

Sei immer dankbar! Die Dankbarkeit schenkt dir Freude! Konzentriere dich auf das Wahre, Schöne und Gute im Leben.

Merkzettel Nr. 3

Wenn du mit heiterer Gelassenheit leben willst, hilft dir in einem ersten Schritt das Enneagramm. Über das Internet kannst du deinen Typ eruieren. Bücher geben Empfehlungen, was dir hilft, gut zu leben, dich zu entwickeln, den berühmten „Schatten" zu integrieren. In diesem Schritt erkennst du, warum dich eine Angelegenheit so trifft und beschwert. Oft handelt es sich also um das, was du ausblendest. Du kannst das Problem relativieren, wenn du merkst, dass es bei dir auf einen wunden Punkt trifft. Du wirst dir sagen: „Eine Verletzung macht mich dafür besonders sensibel."

In einem zweiten Schritt kannst du eine Strategie entwickeln: „Was ist die schlimmste Folge, die eintreten kann? Wie könnte ich möglichst gut damit umgehen?" Dann schreibst du die Antworten auf und vergisst die Angelegenheit, bis sie (wieder) aktuell wird.

Im dritten Schritt wird die negative Idee zur Herausforderung, an etwas Schönes zu denken, etwas, das dich freut. Die negative Idee loslassen.

Täglich bist du in der Stille ganz bei dir. Diese regelmäßige Meditation verhilft zu Gelassenheit. Du spürst, wie du im Dasein gehalten wirst. Durch Hingabe und Liebe löst sich die negative Idee auf.

Zum Schluss eine weitere kleine Übung für den Alltag: In diesem Buch ging es um Achtsamkeit, Vertrauen und Liebe. Dies sind gleichsam Schlüsselbegriffe für ein Leben mit heiterer Gelassenheit. Zum spirituellen Leben der Christen gehört das Kreuzzeichen. Sie tippen an die Stirn, an den Mund und an die Brust und denken dabei an Vater, Sohn und Heiliger Geist. (Jemund hat einmal betont, wie die Aktivierung dieser Körperteile den eigenen Energiefluss erhöhten, was früher Menschen wohl noch besser verstanden haben.) Ein Dreieck ist Symbol dafür, dass diese eins sind, sich durchdringen. Der Vater steht für das Vertrauen, für Gott, der mit uns geht, auf den wir uns immer verlassen können. Der Sohn steht für die Fähigkeit zur Liebe, wir werden geliebt und wir können lieben, dann werden wir glücklich. Der Heilige Geist steht für die Achtsamkeit („Geistesgegenwart"). Das Berühren der Körperteile aktiviert die Zentren der Seele, Denken, Fühlen und Wollen.

Ich möchte dieses Buch nicht mit einer Theorie oder einer philosophischen Weisheit abschließen, sondern mit einer alltäglichen Erfahrung. Sie zeigt, wie die Liebe die entscheidende Kraft ist, die uns und unser Leben verändert. Letztlich ist es die Liebe, die uns Glück ermöglicht, die uns ein Leben mit heiterer Gelassenheit schenkt.

Eine alte Dame will in einem Café wissen, wie teuer ein Stück Torte ist. Die Kellnerin nennt ihr den Betrag von 5 Euro. Dann will die alte Frau wissen, was ein Stück Kuchen kostet. Die Antwort: „4 Euro". Die Frau bestellt den einfachen Kuchen. „Immer diese geizigen Menschen", denkt die Kellnerin und stellt der Frau den Kuchen mit einem Blick der Verachtung hin. Die alte Frau genießt den Kuchen. Sie isst langsam und bewusst. Sie lächelt. Später räumt die Kellnerin den leeren Tisch ab und findet dabei einen Euro Trinkgeld. Jetzt begreift sie…

Lieber Leser/Liebe Leserin, es stimmt: Viele Menschen haben die wahre Freude durch die Liebe gefunden! Für die Liebe ist es nie zu spät? Oder?

Begreifen wir, dass jede kleine Liebestat ein Stück Erlösung in die Welt bringt? Sie kommt auf uns zurück und bewirkt, dass wir uns bejaht und angenommen fühlen. Und dies bedeutet: Wir leben mit Sinn und Freude, daraus wächst ein Leben mit heiterer Gelassenheit!

Gelassenheit erfahren wir, wenn wir unser Leben lieben lernen. Letztlich ist dein Leben ein Geschenk.

Also erst, wenn du das erkennst und dankbar bist, findest du Gelassenheit, eine Lebensqualität, die für dich bestimmt ist!

Gelassenheit und Glück erfährst du demnach durch DANKBARKEIT!

Sie verwandelt dein Leben in Freude. Nur was du annimmst, kannst du verwandeln. Wenn es dir gelingt, auch die schweren Seiten anzunehmen, sie zu bejahen, dann verwandelst du dich, dann kommst du deiner Erlösung einen Schritt näher. Jede dunkle Seite ist letztlich die Kehrseite einer lichtvollen Seite. Glaube daran, dass jede negative Seite sich in eine positive Gegenwart oder Zukunft wandeln kann und wird. Bleibe immer gelassen!

Anmerkungen

1 Wladimir Lindenberg, *Mysterium der Begegnung*, Ernst Reinhardt Verlag München 1972[5]. S 13.

2 Paul Ferrini, *Erleuchtung zum Greifen nah*, J. Kamphausen Verlag, Bielefeld 2002, S. 104.

3 Jörg Zink, zitiert nach dem *Gesangbuch der Evangelisch-methodistischen Kirche*, Medienwerk der Evangelisch-methodistischen Kirche GmbH, Stuttgart 2002, S. 1133.

4 Ralph Waldo Ermerson, *Spanne deinen Wagen an die Sterne, Texte zum Nachdenken*, Herder Verlag, Freiburg1980, S. 35.

5 Anm. 3, S. 1055.

6 Erich Fromm, *Vom Haben zum Sein. Wege und Irrwege der Selbsterfahrung*, Wilhelm Heyne Verlag, München 1996[4] S. 83.

7 *Vom Sinn des Lebens. Ein Lesebuch für alle Lebenslagen*, herausgegeben von Philipp Erlach und Thomas Reisch, Fischer Taschenbuch, Frankfurt am Main, 2013, S. 178.

8 Ebd. S. 105.

9 Thomas Keating, *Das Gebet der Sammlung*, Bd. 4, Schriften zur Kontemplation, Vier-Türme-Verlag, Münsterschwarzach 1987, S. 114.

10 Dag Hammarskjöld, *Zeichen am Weg*, Droemersche Verlagsanstalt, Th. Knaur Nachf., München/Zürich 1970[4], S. 68.

11 Urs-Beat Fringeli, *Lebenskraft im beruflichen Alltag. Mit dem 3-Wochen-Lebensfreude-Programm*, Verlag Via Nova, Petersberg 2009.

12 *Stunden des Glücks. Was es bedeutet, glücklich zu sein und glücklich zu machen. Worte großer Dichter und Denker*, Scherz Verlag, Bern, München, Wien, (Ohne Herausgeberangaben und ohne Erscheinungsjahr), S. 7.

13 *Worte für die Seele. Weisheit der Welt*, herausgegeben von Christian Leben, Herder Verlag, Freiburg 2001, S. 128.

14 Ebd.

15 Ebd.

16 Ebd. S. 90.

17 Anm. 9, S. 211.

18 Antoine de Saint Exupéry, *Man sieht nur mit dem Herzen gut,* Texte zum Nachdenken, Herder Verlag, Freiburg 1990[9], S. 76. (Wörtlich steht dort: „...haben ihren Wert nur von Gnaden...")

19 Anm. 11.

20 Hein Stufkens, *Der siebenfache Pfad des Franz von Assisi,* Aurum in J. Kamphausen Verlag, Bielefeld, 2002, S. 9.

21 Ebd. S. 11.

22 Anm. 10, S. 54.

23 Erich Fromm, *Die Kunst des Liebens,* Ullstein Verlag, Frankfurt/M – Berlin 1994[48], S. 9.

24 Ebd. S. 68.

25 Anm. 9, S. 211.

26 Anm. 20, S. 43.

27 Ebd. S. 157.

28 Urs-Beat Fringeli, *Wo deine Kraft liegt. Von der Kunst, den eigenen spirituellen Weg zu gehen*, Don Bosco Verlag, München 2011.

29 Urs-Beat Fringeli, *Im Einklang mit sich und der Welt leben. Die Kräfte der Natur nutzen für mehr Lebensqualität*, Verlag Via Nova, Petersberg 2010.

30 Anm. 12. S.23.

31 Anm. 2, S. 104.

32 Ebd.

33 Anm. 23, S. 75.

34 Ebd. S. 76.

35 Anm. 12, S. 93.

36 Anm. 1, S. 131.

37 Ebd. S. 148.

38 Ebd. S. 248.

39 Anm. 12, S. 24.

40 Peter Bieri, *Wie wollen wir leben?,* Deutscher Taschenbuch Verlag, München, 2014[4].

41 Ebd. S. 12.

42 Ebd.f.

43 Ebd. S. 13.

44 Ebd. S. 14.

45 Anm. 9, S. 143.

46 Ebd. S. 139.

47 Ebd. S. 143.

48 Ebd. S. 151.

49 Anm. 2, S. 106.

50 Anm. 7, S. 19.

51 Anm. 1, S. 125.

52 Ebd.

53 Urs-Beat Fringeli, *Sinn finden auf der Fahrt des Lebens. Freude, Frieden und Glück in sich erfahren*, Verlag Via Nova, Petersberg 2014.

54 Zitiert nach: André Comte-Sponville, *Glück ist das Ziel, Philosophie der Weg*, Diogenes Verlag, Zürich 2012, S. 91.

Bildrechte:

Notizen

Notizen

Notizen

Hier erfährst du, was Menschen heute über Glück und Gelassenheit wissen. Dies wird dir zu einem Leben mit mehr Freude verhelfen.

Dieses Buch enthält die wesentlichen Einsichten zum Thema „Gelassenheit". Es ist verblüffend, wie die Weisheiten der spirituellen Meister, wie wir sie u.a. in den religiösen und philosophischen Schriften finden, mit den Untersuchungen der modernen Psychologie und den Erfahrungen vieler Menschen übereinstimmen. So bestätigen gerade in unserer Zeit glückliche Menschen die zeitlosen Wahrheiten, die uns heitere Gelassenheit schenken.

 *Wenn du dieses Buch gelesen hast, kennst du die wichtigsten Aussagen über Gelassenheit und Lebensfreude!*

Urs-Beat Fringeli, Autor und Erwachsenenbildner. Seit vielen Jahren als Pfarrer tätig, Leiter eines Kraft- und Wallfahrtortes in der Schweiz. Bekannt durch zahlreiche Bücher und Sendungen, Kurse und Seminare zur Lebenshilfe. Da er selber längere Zeit erfolgreich in der Wirtschaft tätig war, kennt er die Anforderungen und Sorgen der heutigen Menschen.

Weitere Bücher aus dem Verlag Via Nova:

Lebenskraft im beruflichen Alltag
Mit dem 3-Wochen-Lebensfreude-Programm
Urs-Beat Fringeli

Paperback, 136 Seiten, ISBN 978-3-86616-133-7

Viele Menschen fühlen sich heute durch Arbeits-
bedingungen, zunehmende Leistungsanforde-
rungen und Beziehungskonflikte in ihrem Ar-
beitsalltag belastet, gestresst, überfordert, ihrem
Wesen entfremdet. Der Autor Urs-Beat Fringeli,
heute als Pfarrer, Psychologe und Seminarleiter
in der Erwachsenenbildung, vorher mehrere Jahre
erfolgreich in der Wirtschaft tätig, hat aus seiner
Erfahrung zahlreiche Bücher zur Lebenshilfe veröffentlicht. In diesem Buch
zeigt er am Beispiel eines beruflichen Tagesablaufs, wie man die einzelnen
Belastungen und Konflikte durch Selbstbesinnung und eigenverantwort-
liches humanes Verhalten bewältigen kann. Er stellt erprobte Methoden vor,
gibt Orientierung und Anregungen, wie man sich vor Stress und Burnout
schützen, seine Lebensfreude steigern, Energien bündeln und freisetzen
kann. Viele praktische Übungen, besonders das 3-Wochen-Lebensfreude-
Programm, machen dieses Buch zu einem wertvollen Begleiter auf dem eigenen Weg in eine lohnenswerte Zukunft.

Im Einklang mit sich und der Welt leben
Die Kräfte der Natur nutzen
für mehr Lebensqualität
Urs-Beat Fringeli

Paperback, 208 Seiten, ISBN 978-3-86616-179-5

Erprobte, praktische Übungen, lebensnahe Anregungen und Tipps helfen dem Leser, in sich geistige Lebens- und Heilkräfte zu entwickeln und
sein Leben im Frieden mit sich und seiner Mitwelt
zu gestalten. Die wachsende Sensibilisierung für
Nachhaltigkeit und Schutz unserer Erde weckt in
vielen Menschen das Bedürfnis, etwas konkret
dafür zu tun. Dieses Buch vermittelt ein ganzheitliches Welt- und Menschenbild, eine neue „Spiri-
tualität der Natur", die den Menschen wieder stärker in Natur und Kosmos
einbindet, ihm Tatkraft, Gesundheit, Harmonie und Lebensfreude, mehr Lebensqualität schenkt.

Gönn dir dein Glück
Im Hier und Jetzt glücklich sein
Urs-Beat Fringeli

Paperback, 160 Seiten, ISBN 978-3-86616-241-9

Dieses „Kraft-Buch" ist eine Anleitung zum Glück, anwendbar in den verschiedensten Lebenssituationen. Mit jedem Abschnitt wird die Einstellung des Lesers dahingehend bestärkt oder verändert, dass er mehr Gelassenheit und Lebensfreude erfährt und einübt und die wahren und schönen Momente auskostet. Es überrascht durch viele Anregungen, dem Augenblick zu vertrauen, das Leben zu bejahen: Mut zum Leben, zu autonomem Denken und Handeln, zu sinnvoller Veränderung bewirken Erfolg und Glück, wie die Beispiele erfolgreicher und glücklicher Menschen bestätigen.

Sinn finden auf der Fahrt des Lebens
Freude, Frieden und Glück in sich erfahren
Urs-Beat Fringeli

Taschenbuch, 176 Seiten, ISBN 978-3-86616-291-4

Machen Sie sich bereit für eine abwechslungsreiche, fantastische „Sinn – reise" und lassen Sie sich – ganz entschleunigt – zu den wunderbarsten inneren Orten navigieren, die zeigen, wie wir in jedem Moment unseres Lebens, Vertrauen finden können. Denn Sinn zu erfahren, kann tatsächlich gelernt und trainiert werden! Nicht nur das zeigt dieses Buch, sondern es schärft auch die Sinne dafür, im Alltäglichen stets das Wesentliche und Sinnhafte zu erkennen. Lassen Sie sich mitnehmen auf eine der vielleicht sinnvollsten Leseerfahrungen Ihres Lebens und lassen Sie sich inspirieren von einem neuen Blick auf die Welt, der Ihnen dauerhaft innere Freude und Erfüllung schenken kann.

Stehe über deinem Denken!
5 wirksame Schritte zur Beherrschung deiner Gedanken
Matt Galan Abend

Hardcover, 144 Seiten, ISBN 978-3-86616-260-0

Mal ehrlich, wo sind Sie jetzt im Moment mit Ihren Gedanken? Wirklich hier und jetzt? Wach, bewusst und konzentriert? Oder geht es Ihnen wie den meisten von uns: Sie werden zum großen Teil von Ihren unbewussten Gedanken beherrscht und machen sich dies gar nicht bewusst. Dann haben Sie Glück, denn dieses neue Buch weist Schritt für Schritt den Weg zu einem wirklich bewussten Denken. Es zeigt auf, wie enorm wichtig es ist, seine Gedanken zu beherrschen, denn sie bestimmen und erschaffen unsere Wirklichkeit, unsere Identität, unser gesamtes Leben. Dieses Buch und sein leicht erlernbares Trainingsprogramm eröffnet die große Chance, sein Leben in neuer Bewusstheit zu erleben, und zeigt, wie unerschöpflich die Möglichkeiten sind, es neu zu gestalten.

Der Gesang des Windes
Eine Parabel vom Leben und der Liebe
Jill A. Moebius

Hardcover, 216 Seiten, ISBN 978-3-86616-310-2

Omar, ein junger Hirte, sehnt sich nach Wahrheit und einem erfüllten Leben. Als er einem wandernden Weisen begegnet, beginnt eine spannende Reise, umrahmt von der magischen Welt des Orients. Auf der Suche nach dem größten Schatz lernt er den Zauber wahrer Liebe kennen, entdeckt die verborgenen Geheimnisse der Schöpfung und findet zu tiefstem inneren Glück. Eine poetische Erzählung voller Weisheit, die die Seele träumen lässt.